MIT GOTT
KANN MAN NICHT
DISKUTIEREN

Widerworte – Skepsis und Revolte

jüdischer Autoren

Norbert

Abels

axel dielmann – verlag

Kommanditgesellschaft in Frankfurt am Main

© axel dielmann – verlag
Kommanditgesellschaft in Frankfurt am Main, 2010
Alle Rechte vorbehalten

Lektorat: Solveig Müller, Oslo
Gestaltung und Satz: Urs van der Leyn, Basel
Gesamtherstellung: Printfinder, Riga
Covergestaltung unter Verwendung eines Ausschnittes
aus Rembrandt van Rijns Ölgemälde aus dem Jahr 1659
»*Moses zerschmettert die Gesetzestafeln*«

ISBN 978 3 86638 009 7

INHALTSVERZEICHNIS

VORBEMERKUNG

An seine Freundin Milena, die einmal zu den im Frauenkonzentrationslager Ravensbrück umgekommenen Insassinnen gehören würde, schrieb Franz Kafka im Sommer 1920 aus Meran, daß sie eine viel zu gute Meinung von den Juden habe: »Manchmal möchte ich sie eben als Juden (mich eingeschlossen) alle etwa in die Schublade des Wäschekastens dort stopfen, dann warten, dann die Schublade ein wenig herausziehen, um nachzusehen, ob sie schon alle erstickt sind, wenn nicht, die Lade wieder hineinschieben und es so fortsetzen bis zum Ende.« Eine ungeheuerliche Phantasmagorie! Man zögert einen kurzen Moment und entschließt sich dann doch dazu, sie nicht – konträr zu so vielen anderen bestürzenden Visionen Kafkas – als Prophetie wahrzunehmen. Tatsächlich taucht bei Kafka wiederholt eine paranoid wirkende, aber endlich doch höchst zutreffende prognostische Archetypik auf. Immer wieder geschieht seinen Figuren das Nämliche. Von einem Augenblick auf den anderen sind sie – man denke nur an Josef K. oder Gregor Samsa – für alle Zukunft stigmatisiert. Den assimilierten Juden geschah genau das zwischen Machtergreifung – Rassegesetzen – Reichspogromnacht und dem Bau der Konzentrations- und später Vernichtungslager. »Bis zum Ende« … Die als vollständig geplante Auslöschung des europäischen Judentums, die sogenannte »Endlösung«, hat Millionen von Menschenleben gekostet. In alle Kontinente des Erdballs flüchteten die Entkommenen. Der unbeschreibbare Aderlaß bedeutete aber außer dem penibel durchgeführten Massenmord ein niemals zu behebendes Vakuum für die künftigen Zeiten. Die Verfolgung und die Vertreibung der jüdischen Intellektuellen aus Deutschland, Österreich und Osteuropa hat diese Regionen um die humanen Früchte der Aufklärung gebracht. »Unsre Ahnen sind Goethe, Lessing, Herder nicht minder als Abraham, Isaac und Jacob«, schrieb 1933 Joseph Roth an Stefan Zweig. Roth wußte: Es ging gegen die europäische Zivilisation und gegen die Humanität schlechthin. Weder Roth noch Zweig überlebten das Dritte Reich. Nach dem Holocaust offenbarte sich die geistige Katastrophe. Autorinnen wie Anna Seghers, Nelly Sachs, Rose Ausländer, Ilse Aichinger oder Hilde Domin – »Gewöhn dich nicht. – Du darfst dich nicht gewöhnen …« –, Autoren wie Stefan Heym, Arnold Zweig, Peter Weiss, Edgar Hilsenrath, Wolfgang Hildesheimer: Sie alle konnten des Mißtrauens gegen jegliche Machtartikulation nicht mehr entraten. Zwei Jahre vor seinem Freitod erklärte mir Jean Améry bei einem Gespräch über sein Buch *Hand an sich legen*, daß dieses Mißtrauen ihn wohl bis zum Ende seines Lebens begleiten würde. Von Jurek Becker, der sich, von schwerster Krankheit gezeichnet, kurz vor seinem Tod noch einmal für einen Leseabend an der Deutschen Buchhändlerschule in Frankfurt gewinnen ließ, erfuhr ich, daß es für ihn fast unmöglich sei, die ihm wie ein Kainsmal auferlegte Rolle als Überlebender abzustreifen: »Jude. Ich spüre weder die Lust, mich bis an den Rand meiner Kräfte dagegen aufzulehnen, noch sehe ich einen großen Sinn darin.« Die Begegnung mit Überlebenden und Widerstandskämpfern, darunter meine zeitweilige Nachbarin Margarete Buber-Neumann und der Sozialist Heinz Brandt – ich lernte ihn zusammen mit Eugen Kogon bei einer mehrtägigen Tagung über den Holocaust kennen – ließen mich zum ersten Male erahnen, daß es außer dem Entsetzen und dem Terror noch etwas anderes gegeben hatte: die Gewöhnung an den allgegenwärtigen Tod. Ruth Klüger schilderte mir vor einigen Jahren in Wien genau diese barbarisch-desolate Monotonie des Schreckens. Imre Kertész, den ich im Mai 2009 bei den Festwochen in Herrenhausen traf, formulierte, daß das Vernichtungslager keineswegs die »Hölle« gewesen sei. Im Gegensatz zu Auschwitz sei die Hölle etwas ganz anderes: »Dann würde ich sie mir als einen Ort vorstellen, wo man sich nicht langweilen kann.«

Ich möchte in diesem Buch an einen intellektuellen Nonkonformismus erinnern, über den sich nicht mit Sicherheit behaupten läßt, daß er auch in der Zukunft noch existieren wird. Das Material dazu liefern Vorträge, die ich im Verlauf der letzten Jahre hielt und für die vorliegende Publikation überarbeitete. Die Portraits versuchen, den Weg von Intellektuellen nachzuzeichnen, deren couragierte Widerworte zum Besten der Zeit vor dem großen Morden gehörte. Die In-Frage-Steller, Skeptiker und Analytiker, mit deren Werken ich mich auseinandersetze, hatten bei aller Verschiedenheit neben ihrer wie immer auch akzentuierten jüdischen Herkunft eines gemein: Sie mißtrauten jedem Absolutheitsanspruch. Daß jedem Ding seine Relativierbarkeit innewohnt, war ihnen so gewiß wie Wittgenstein die Erkenntnis, es könne immer nur eine Hypothese, aber nie ein Axiom sein, daß die Sonne morgen aufgehen wird.

IN UNS SIND ALLE. WER FÜHLT SICH ALLEIN?

Nonkonformismus und Empörung

I. Ahasver

Ahasver – bei Stefan Heym wurde er, ehemals gestürzter Engel, zum Revolutionär, zum ewigen Neinsager, zum Antagonisten jeden Absolutheitsdünkels. Nur äußerlich mag er sich, die Epochen überschreitend, verändern. Gott, weiß Ahasver – was so viel ist wie der Geliebte –, braucht dieses Nein, wie das Licht das Dunkel braucht. Das Licht ist das Menschliche, ist das Veränderbare. Gott sollte wohl kaum fähig zur Liebe sein. Identisch mit dem All, welches keine Gefühle kennt, scheint er, worin sich Licht an Licht und Kraft an Kraft reiht. Ahasver aber glaubt an die Veränderbarkeit der Welt ebenso wie an die Wandlungsfähigkeit der Menschen. Keine Moira, kein blindes Fatum, herrscht. Ahasver weiß: »Ein Rad kann die Spur nicht wählen, aber der Fuhrmann, der den Ochsen lenkt, kann sie wechseln.«

Kritik am überweltlich Bestimmten meldet sich hier. Fehlendes Weltvertrauen schließt ein auch noch so geringes Residuum von Freiheit nicht aus. Das eben unterscheidet das »Falls nicht, dann …« der biblischen Prophetie von der Unabwendbarkeit der Ödipus-Dramaturgie, die mit dem unheilverkündenden Orakel irreversibel festgelegt ward. Ahasvers Kritik an der allwissenden Prognostik des Reb Joshua – »Ich weiß, daß er weiß, wie alles gehen wird« – steht tätig im Dienst eines voluntaristischen Urrechts des Zweifels und der Skepsis. Vor dem Primat dieser Größen verliert sowohl die Frage nach der Gottähnlichkeit des Menschen als auch die nach der Menschenähnlichkeit Gottes einiges an Gewicht. Die prophetischen Verheißungen ließen den Raum der geschichtlichen Wirklichkeit nicht aus den Augen, erkannten sowohl die Katastrophenerfahrung als auch die Erlösungserwartung als Teil eines im Hier und Jetzt bestehenden Daseins. Messianische Hoffnung und transzendentale Zuversicht waren stets die elementaren Glaubensantinomien in den zahlreichen Jahrhunderten beständig abgebrochener und wieder aufgenommener Disputationen. Gershom Scholem hat in seinen Studien zum Verständnis der messianischen Idee im Judentum den innerweltlichen Charakter der Weissagungen und Botschaften nicht zuletzt erklärt aus der Not und der Verzweiflung derer, an die sie adressiert waren: »Sie sind aus Situationen heraus gesprochen und haben ihre Wirkung immer wieder in Situationen bewährt, in denen das Ende als unmittelbar bevorstehend, als etwa über Nacht jäh hereinbrechend empfunden wurde.« Freilich: Mit dem Verlust des kollektiven äußeren Zentrums zu Beginn der Diaspora verliert solche Diesseitsbezogenheit an empirischer Plastizität. Die verlorene Wirklichkeit einer Heimat wird kompensiert durch die unterschiedlichsten Abstraktionen bis hin zu »ubi bene, ibi Jerusalem«. Der erhöhte Wirklichkeitssinn der modernen Denker von Karl Marx und Sigmund Freud bis zu Ernst Bloch, Claude Levi-Strauss und Hannah Arendt scheint gleichwohl offenkundig. Er kommt zum Ausdruck in den Meditationen, Erinnerungen und Reflexionen der Überlebenden der Vernichtungslager. Das einzige, was für den Überlebenden übrig bleibe, sei seine Einrichtung in der Fremdheit. Man müsse das Fremdsein als Wesenselement der Persönlichkeit auf sich nehmen, ja »auf ihm beharren wie auf einen unveräußerlichen Besitz«. So Jean Améry in seinen Bewältigungsversuchen eines Überwältigten *Jenseits von Schuld und Sühne* aus dem Jahre 1966. Fremdheit also als Identitätsmerkmal? Améry wies wie so viele andere auf das »Nichtverhältnis« in Bezug auf das Judentum und die Juden hin, das nur durch eine Solidarität mit Diskriminierten und Verfolgten sporadisch aussetze. Erzeugt habe ihn als einen Juden »einzig der Antisemitismus«. Er ist, »Wahn oder nicht, ein geschichtliches und soziales Faktum: Ich war nun einmal wirklich in Auschwitz und nicht in Himmlers Imagination.«

II. Hiob

Hiob stellt die Urfrage aller vom Leid getroffenen Menschen: Warum ich? Gott läßt Hiob nicht als Gesprächspartner zu. Er verweigert die Diskussion. Dagegen empört sich Hiob. Seine Beschwerde erhält keine Antwort. Erst am Schluß, in der schweigenden Ergebung, muß er einen Sermon über sich ergehen lassen, dem jedes Begründungspotential abging. Hiob erfährt den Grund seines Unglücks nicht.
Hiob: ein gewöhnlicher Mensch, der entsetzliche Leiden erdulden muß und dadurch ungewöhnlich wird. Die Ungewöhnlichkeit seines Leidens liegt in seiner Sinnlosigkeit. Das allein hebt Hiob ab von anderen Leidensgestalten, etwa Prometheus, Tantalos oder Philoktet, aber auch von den zahlreichen biblischen Duldern.

Ich habe Hiobs Ergebenheit am Schlusse des Buchs nie verstanden. Warum soll der Verzicht auf Sinnanspruch sinnvoll sein? In Bezug auf Abraham spricht Kierkegaard in *Furcht und Zittern* über die teleologische Suspension des Ethischen, die sogar das Opfer Isaaks vorstellbar mache. Hiob aber kennt im Gegensatz zu Abraham, Moses oder den Propheten keine Funktion seiner Rolle in einem heilsgeschichtlich festgelegten, gar messianisch ausgerichteten Prozeß.

»Ein Mann war im Lande Uz, Hiob sein Name. Schlicht und gerade war jener Mann ...« So heißt es zu Beginn des Buchs. Der Erzähler geht noch weiter in der Betonung der Gewöhnlichkeit seines reichen und ehrbaren Protagonisten; er hält es für notwendig, etwa dessen Viehbestand ausführlich und im Einzelnen aufzuzählen. Mit einer Aufzählung der Schöpfungsdetails, diesmal durch Jahwe selbst, schließt das Buch übrigens. Wie kommt es dazu?

»Adeoque Deus non solius humani generis, sed totius naturae rationem habet.« (Daher waltet Gott nicht nur über das Menschengeschlecht, sondern über die ganze Schöpfung.) Ist das glaubwürdig, was dieser pantheistisch gefärbte Satz Spinozas behauptet? Nicht mit menschlichem Verstehen ist der göttlichen Absicht der Schöpfung beizukommen. Doch beharrt Hiob auf der Vereinbarkeit von Schöpfungssinn und moralischem Gesetz.

Niemals hat es auf die Fragen Hiobs eine Antwort gegeben. Wie sollte sie auch ausfallen? Allemal so bündig, wie es die Antworten waren, die Hiobs Freunde Eliphas, Bildad, Zophar und Elihu dem leidenden Gottesknecht gaben und die – in den unterschiedlichsten Nuancierungen – fortleben in den Auskünften der neuzeitlichen Wissenschaften, darunter Jurisprudenz und Philosophie, Naturwissenschaft und Soziologie, aber auch Psychologie und Theologie. Warum gibt es eine durch kein Urteil begründete Strafe?

Mit Hiob beginnt die unabdingbare Frage nach dem Ganzen, die Unumgänglichkeit der Theodizee. Es beginnt aber auch der Verdacht, daß das Ethos des Menschen dem Experimentiergeist Jahwes vorzuziehen sei, daß der Sinngehalt der Schöpfung nicht ihr selbst entfließt, sondern erst in sie hinein verlegt werden muß, um sie aushaltbar zu machen. Hiob freilich verweigert diese Projektion. Er mißt sein Leid unmittelbar noch an der Notwendigkeit eines gerechten Gottes. »Es ist kein Schiedsmann zwischen uns, der auf uns beide seine Hand legte.« (9, 32) Am Ende des Buches Hiob beantwortet Gott die ethische Insistenz des Aussätzigen, die bohrende Wiederholung seiner Sinnfrage, mit der bloß additiv verfahrenden Aufzählung dessen, was er geschaffen hat. Mit kosmologisch-physikalischer Euphorie weist er schließlich hin auf das Ganze: »Wo warst du, als ich gründete die Erde?« fragt er provokant und steigert sich hernach in einen ganzen Katalog der Gründungen, übermannt den Knecht gar noch mit dem expliziten Hinweis auf dessen fehlende Beteiligung an der Schöpfung: »Bist du bis zum Entspringen des Meeres gekommen und hast du dich an des Urwirbels Grunde ergangen, sind die Tore des Todes dir offenbar geworden.« (38, 1-20) In der fehlenden Antwort auf Hiob gründet die Virulenz der Frage bis auf den heutigen Tag. Keine ethische, theologische noch wissenschaftliche Disziplin hat zur Lösung des Problems beitragen können. Immer wieder lugen die Erklärungen der Freunde Hiobs durch dieses komplizierte Begründungsgeflecht.

Der Dichtung aber ist es zumindest gelungen, das Bewußtsein des Skandals ungerechtfertigten Leidens am Leben zu erhalten. Goethe und Melville, Büchner und Heine, Dostojewski, Kierkegaard, Beckett und Muriel Spark sind nur Beispiele aus den letzten zwei Jahrhunderten. Ohne das Modell Hiobs wären Gestalten wie Kafkas Josef K. und Döblins Franz Biberkopf unvorstellbar. In diesen Gestalten wurde das Buch Hiob immer wieder neu geschrieben. Ihre Nachfolgeschaft ist so absehbar wie die Unabsehbarkeit ihres Problems.

Das Hiobsproblem ist ein universelles. Viel spricht dafür, daß das Thema des leidenden Gottesknechtes längst vor der biblischen Bearbeitung virulent war. Gleichwohl zieht es sich wie ein roter Faden durch die so wechselvolle jüdische Literatur bis zum heutigen Tag. Noch Philip Roths Roman über das Sterben eines amerikanischen Durchschnittsmenschen, eines *Jedermann*, nimmt die alte Metaphorik auf, ohne weiterhin an einen göttlichen Prozeßgegner zu glauben: »Er war vernünftig und liebenswürdig, ein freundlicher, maßvoller, fleißiger Mann.« Am Ende wird auch ihm keine Antwort gegeben: »Das Fleisch schmilzt dahin, aber die Knochen bleiben. Die Knochen waren der einzige Trost für einen, der nicht an ein Leben nach dem Tode glaubte und ohne jeden Zweifel wußte, daß Gott eine Erfindung war und dieses Leben das einzige, das er haben würde.«

Hiob war ein Zweifler. Renitenz charakterisiert seine Haltung. Trotz, Zorn und der Anspruch auf Beantwortung seiner Fragen flankieren diese Haltung. Wenn Joseph Roths ostjüdischer Schulmeister Mendel Singer an der Lower East Side, wohin es ihn und seine Familie verschlagen hat, nach deren Dezimierung durch grausame Schicksalsschläge die Gebetsutensilien vernichten will, seine Hände dieses Ansinnen aber nicht ausführen können, dann beginnt das alte Lamento von Neuem. Er hört nicht auf zu fragen.

Renitenz, Skepsis und Revolte, Analyse und die Weigerung, aufzuhören, beharrlich all jene Fragen zu diskutieren, die mit Hiob begannen und im Vollzug der Jahrhunderte sich akkumulierten, aber heute noch unbeantwortet sind, offenbaren sich als Wesenszüge der jüdischen Geschichte. Diese Wesenszüge sind nicht exklusiv. Man findet sie auch bei Nichtjuden. Gleichwohl treten sie in der Geschichte dieser Minorität mit einer solchen Prägnanz und Offenkundigkeit auf, daß der erkundende Blick auf einige, zum Teil vergessene, Exponenten dieser Geschichte manches zu Tage bringen mag.

III. Fortan des Lebens Straßen fahren

In den Sangesspruchgedichten des Süßkind von Trimberg finden sich dunkle Töne. Memento-mori-Strophen, welchen das Heilsvertrauen abhanden gekommen ist, lassen messianisches Licht erst gar nicht aufleuchten. Das, was sich in der Großen Heidelberger Liederhandschrift von dem fahrenden Poeten erhalten hat, einige lehrhaft anmutende mittelhochdeutsche Lieder, ist nicht viel. Ob eine enge Nähe zur Bibel, Talmud und dem Siddur, den Gebetssammlungen, besteht, konnte bis heute nicht klar erwiesen werden. Ein farbiges Bild in der Manessischen Liederhandschrift zeigt einen vollbärtigen Mann mit langem Mantel und spitzen Hut, der, seine Erklärungen mit Gebeten der Hände flankierend, gerade mit christlichen Würdenträgern disputiert. Wohl ein recht aussichtsloses Unterfangen. Die zurückliegende Zeit der Kreuzzüge hatte Tausende von jüdischen Opfern gefordert. Traditionsreiche Gemeinden, darunter Mainz mit der alten Gelehrtenschule Rabbenu Gerschoms, waren nahezu ausgetilgt. Der fanatische Haß, der vom Mittelalter über die württembergischen Hetztiraden und die Hep-Hep-Exzesse des Vormärz bis zum politischen und rassischen Antisemitismus des 20. Jahrhunderts immer mehr zunehmen sollte, war geboren. Der leicht psalmodierende Duktus der Gedichte Süßkinds aber weist auf keinerlei Thoraweisheit hin und noch weniger auf das den Psalmen innewohnende Martyriumsethos, etwa: »Denn für dich werden wir hingewürgt jeden Tag, werden geachtet wie die Schafe auf der Schlachtbank.« Leo Baeck hat solchen Willen zum Martyrium, den Heroismus als das abschließende Gebot der jüdischen Religiosität zum Zentrum dieses

Ethos erhoben: Das Leid als Weg der Freiheit, die fides obstinata, die starrsinnige Treue als praktisches Lebensideal. Dieser Wille wurde von Baeck als »stete Erbesaufgabe« verstanden, darin bestehend, »für die Wahrheit bedrückt und verfolgt zu werden und, was oft tiefer noch trifft, für sie verhöhnt zu werden« (Leo Baeck, *Das Wesen des Judentums*).

Das wurde formuliert einige Jahrzehnte vor der Shoa. In der *Negativen Dialektik* hat Mitte der sechziger Jahre des 20. Jahrhunderts Theodor W. Adorno aller Transzendenz des Leidens und damit dessen eschatologischer Legitimation – wie sie etwa von Martin Buber und Margarete Susman noch nach 1945 gedacht werden konnte – die Absage erteilt. Unvermeidbar – so Adorno – sei das Gefühl, das nach Auschwitz sich dagegen sträube, daß aus dem Schicksal der Ermordeten »ein sei's noch so ausgelaugter Sinn« gepreßt werde. »Gelähmt ist die Fähigkeit zur Metaphysik, weil, was geschah, dem spekulativen metaphysischen Gedanken die Basis seiner Vereinbarkeit mit der Erfahrung zerschlug.« Unfaßbar scheint mir jede nach der Shoa verkündete Zuversicht, daß selbst »über dem Chaos der satanischen Weltzerstörung, der wir heutigen Menschen preisgegeben sind, noch einmal ein auch sie noch in sich befassender und heilender Plan« liege und »daß über ihr die Schöpfung wieder als eine neue heraufsteigen wird« (Margarete Susman, *Das Buch Hiob und das Schicksal des jüdischen Volkes*).

Unfaßbar auch, daß von einem Schicksal überhaupt gesprochen wird, als seien die Leichenberge von Bergen-Belsen und Birkenau integraler Bestandteil eines eschatologischen Prozesses. Vom »Niedagewesenen«, das mit den alten theologischen Kategorien nicht zu meistern sei, sprach 1984 Hans Jonas in seiner Rede über den Gottesbegriff nach Auschwitz, und Günther Anders unterstrich fünf Jahre zuvor die ausnahmslose und restlose Obsoletheit der bisherigen religiösen und philosophischen Ethiken: »Sie sind in Hiroshima mitexplodiert und in Auschwitz mitvergast worden.« Imre Kertész, ein Überlebender von Auschwitz, hat die geradezu ethische Verpflichtung zur Überzeugung von der Sinnlosigkeit des menschenverachtenden Geschehens mit äußerstem Mut festgehalten in seinem *Roman eines Schicksallosen*. Ruth Klügers Charakteristik des Lagers als »abwegigstem Ort« ohne jeglicher über ihn hinausgehende symbolische Semantik bringt diese gegenteleologische und gegenmessianische Position auf den aller Illusionistik baren Punkt: »Auschwitz war nur ein gräßlicher Zufall.«

Einige Strophen Süßkind von Trimbergs, aus der Perspektive des alternden Außenseiters geschrieben, verzichten bereits auf jeden theologischen Sicherheits- und Verheißungsgehalt. Süßkind spricht nicht von der himmlischen Macht, sondern von der unendlichen Autonomie: »gedenke nie man kan erwern den toren, noch den wisen, / der ümbe sint gedenke vri uf aller hande sache.« Friedrich Torberg übersetzt: »Gedanken bleiben unverwehrt dem Toren wie dem Weisen. / Sie ziehen, wenn sie auch gelten, frei dahin.«

Gedanken, so endet das Gedicht, können »höher als der Aar durch alle Lüfte streifen«. Auch in Süßkinds Lebensfazit – »Da bin ich als rechter Tor / Mit meiner Kunst durchs Land gezogen« – findet sich kein Anruf nach Beistand von oben. Süßkind hat entschieden, keinen »hovelichen sank« (höfischen Gesang) mehr anzustimmen, hat beschlossen, sich einen langen Bart wachsen zu lassen und nach alter Judenart »mich hinan vür wert ziehen« (»Fortan des Lebens Straße zu fahren«).

IV. Gebresten

Von den »bösen drey Gebresten« Armut, Körperschmerz und Judentum sei das letzte, das »tausendjährige Familienübel, die aus dem Nylthal mitgeschleppte Plage«, das schlimmste, schrieb Heinrich Heine. Heine, der sich selbst als »gescheiterten Metaphysiker« bezeichnete, hat dem »altägyptisch ungesunden Glauben« trotz Konversion und Freigeisterei gegen Ende seines Lebens aus der horizontalen Perspektive seiner Matratzengruft wieder einiges abzugewinnen vermocht und der Bibel als »portativem Vaterland« seine Referenz erwiesen. Die berühmten Zeilen aus der Anfang der fünfziger Jahre des 19. Jahrhunderts veröffentlichten *Disputation* bleiben dennoch das letzte Wort, behaupten sich gegen alle Anfechtungen des Todkranken, sich kurz vor Torschluß noch einem orthodoxen Erlösungsbegriff jedweder Couleur anzuvertrauen: »Welcher recht hat, weiß ich nicht – / Doch es will mich schier bedünken, / Daß der Rabbi und der Mönch, / Daß sie alle beide stinken.« Von Heinrich Heine wird erstmals nachdrücklich jener Grundkonflikt gelebt und reflektiert, der bis zum heutigen Tag – sieht man vom israelischen Staatsbürger ab – die Dialektik von Außenbestimmtheit und freier Selbstbestimmung ausmacht. Die Selbsthervorbringung des Individuums kollidiert mit der auferlegten Notwendigkeit, zu einem Gemeinschaftskörper zu gehören. Die Legitimität von dessen Geltungsanspruch wird von nun an immer wieder bezweifelt. Richard Beer-Hoffmann, Freund Arthur Schnitzlers und Hugo von Hofmannsthals, hat 1897 den unlösbaren Widerspruch in zwei

Zeilen eines einzigen Gedichtes festgehalten: »Keiner kann Keinem Gefährte hier sein« und »In uns sind Alle. Wer fühlt sich allein?«

Dem im Genozid eskalierenden Antisemitismus war es nicht zuletzt geschuldet, daß diese Dialektik weiter ertragen und gelebt werden mußte. In den Jahren nach der Katastrophe erst konnte sie mit ganz anderen Akzenten diskutiert werden. Ein extremes Beispiel dafür war Arthur Koestler, der dazu aufrief, jede Form einer jüdischen Diaspora-Identität zu suspendieren. Auf die Frage, ob man sich als Jude entscheiden solle, entweder Israeli zu werden oder sein Judentum völlig aufzugeben, gab er die frappierende Antwort: »Ich glaube, daß die Wahl jetzt und hier getroffen werden muß, und zwar um der nächsten Generation willen. Für alle Juden ist die Zeit gekommen, sich zu fragen: Betrachte ich mich tatsächlich als Angehörigen eines Auserwählten Volkes, das bestimmt ist, aus der Verbannung ins Gelobte Land zurückzukehren? Mit andern Worten: Will ich nach Israel auswandern? Und wenn nicht, welches Recht habe ich, mich weiterhin als Juden zu bezeichnen und damit meinen Kindern das Stigma des Andersseins aufzudrücken?«

Worin mag »jüdische Identität« bestehen? Was ist gemeint, wird von jüdischer Identitätskrise gesprochen? »Wenn ich mich frage, worin mein Judentum besteht, so finde ich keine wirklich befriedigende Antwort«, formulierte 1978 der deutsche Schriftsteller Wolfgang Hildesheimer. Vielleicht ist Hildesheimers Antwort die einzig mögliche.

Dieses Dilemma hat, solange es gibt, was man, verschwommen genug, als Assimilation bezeichnet, nicht aufgehört. Worin bestehen sie, jene »vielen dunklen Gefühlsmächte«, die Freud erwähnte? Vage setzte er hinzu: »Die klare Bewußtheit der inneren Identität, die Heimlichkeit der gleichen seelischen Konstruktion.« Gar von einer »jüdischen Natur« sprach der Vater der Psychoanalyse. Was aber ist das Wesen dieser Natur? Der Verdacht eines bloßen Phantoms, geboren aus einer Art habitualisierter Belagerungs- und Verfolgungsmentalität, greift zu kurz. Hier handelt es sich um keine Wirkung ohne Ursache. Die oft paranoid anmutende Sicht der nichtjüdischen Außenwelt verdankt sich einer in der Historie niemals überbotenen Penetranz von Proskription, Ausschließung und Vermeidungsprozedur. Die Behauptung von Differenz ist die Antwort auf all das, was nicht vergessen werden darf. »Vergiß nie, daß du selbst ein Sklave in Ägypten warst« – so heißt es in den biblischen und talmudischen Vorschriften, deren präventives Potential deutlich ist. Jüdische Identität also als zur Natur gewordene Existenzangst, als Furcht vor Auslöschung?

16

Identität als Ergebnis einer ununterbrochenen Traumatisierungsgeschichte: Ein monströses Determinationssystem stülpt sich über den Einzelnen. Immerfort muß er inventarisiert werden als Exemplar eines obskuren Allgemeinen, dessen Verkennung als Schicksalsgemeinschaft ebenfalls zum Topos geworden ist. Der Jude befindet sich, so Sartre, eben in der Situation des Juden, weil er inmitten einer Gesellschaft lebt, die ihn als Juden betrachtet. Das aber gilt sowohl für die nichtjüdische als auch für die jüdische Gesellschaft. Die daraus entstehende Aporie scheint der neuzeitlichen Abkehr von der religiösen Glaubenswelt unüberwindlich. Die Bestimmung, die das Individuum sich zu eigen macht, wird, kongruiert sie mit dem Rollenbegriff der Gesellschaft, zum Grab seiner Unverwechselbarkeit. Daß im Bewußtsein der Nichtidentität sich Identität gerade herausbildet, scheint offenbar. Die Bereitschaft, im vermeintlich Ganzen eines Kollektivs sich aufgehoben zu wähnen, kollidiert mit dem Anspruch auf die Selbstbehauptung des Einzelnen. Nicht als zwei Seiten einer Münze sind individueller Anspruch und objektiver Zwang zu werten. Genau dies ist das tragische Element bei der Erörterung einer jüdischen Identität. Kaum mag solche Tragik tiefer ausgesprochen worden sein, als in Else Lasker-Schülers Gedicht *Mein Volk*. Ausgedrückt wird darin das antinomische Dasein:

Der Fels wird morsch,
Dem ich entspringe
Und meine Gotteslieder singe ...
Jäh stürz ich vom Weg
Und riesele ganz in mir
Fernab, allein über Klagegestein
Dem Meer zu.

Hab mich so abgeströmt
Von meines Blutes
Mostvergorenheit.
Und immer, immer noch der Widerhall
In mir,
Wenn schauerlich gen Ost
Das morsche Felsgebein,
Mein Volk,
zu Gott schreit.

V. Schatten

Immer wieder tauchte die Frage auf, was denn außer dem Glauben an
den Gott der Väter und des damit einhergehenden Exklusivitätsan-
spruchs noch identitätsstiftend sein könnte. »An infidel Jew«: So
beschrieb sich Sigmund Freud einmal selbst, kaum ist die Nähe zum
Paradoxon zu ignorieren. Der Zwiespalt scheint unaufhebbar. Der
fast achtzigjährige Freud beteuert, »daß ich mich immer treu zu unserem Volk gehalten und nie für etwas anderes ausgegeben habe« (Brief
an Siegfried Fehl, 12. November 1935). Albert Einstein gegenüber
aber bezweifelte er zuvor eine Zukunft Palästinas als jüdischem Staat
und wendet sich gegen »den wirklichkeitsfremden Fanatismus unserer
Volksgenossen« (Brief an Albert Einstein, 26. Februar 1930), der dort
»die Gefühle der Einheimischen« herausfordere.
»Volksgenossen« und »Einheimische«: Welch sonderbare Begriffe aus
dem Munde des großen Skeptikers und Freigeists, dem gleichwohl die
monolithische Wendung »Die Juden« gelegentlich aus der Feder floß.
»Die Juden«, so etwa berichtete er Arthur Schnitzler, »haben sich von
allen Seiten und aller Orten mit Begeisterung meiner Person bemächtigt,
als ob ich ein gottesfürchtiger großer Rabbi wäre«. (24. Mai 1926)
Wie so viele andere, wie Schönberg, Alfred Döblin, Arnold Zweig oder
Kurt Tucholsky, erblickte auch Freud im anschwellenden Ressentiment den Katalysator des ihm auferlegten Gemeinschaftsbewußt-
seins: »Ich betrachtete mich geistig als Deutschen, bis ich die Zunahme
des antisemitischen Vorurteils […] bemerkte. Seit dieser Zeit ziehe ich
es vor, mich einen Juden zu nennen.« (Interview mit George Sylvester
Viereck, 1926)
Zur Zeit der Haskalah, der jüdischen Aufklärung, formulierte Moses
Mendelssohn beherzt die bekannte Formel der Trennung von privater
und öffentlicher Sphäre: »Ein Mensch auf der Straße und ein Jude zu
Hause.« Zwischen diesem Appell und Freuds bewußtem öffentlichen
Bekenntnis zum Judentum – privat besuchte er nie eine Synagoge, zu
Hause feierte man mit Weihnachtsbaum und Ostereiern – liegt die
Epoche des anschwellenden Nationalismus, Chauvinismus und Rassis-
mus. Die Vorzeichen im Dasein der assimilierten Intellektuellen
mochten sich umkehren: Freud ging gelegentlich sogar so weit, für
sich selbst die Prädestinationslehre vom jüdischen Nonkonformismus, geschaffen aus der historischen Erfahrung der Unterdrückung,
zu übernehmen: »Weil ich Jude war, fand ich mich frei von vielen

Vorurteilen, die andere im Gebrauch ihres Intellekts beschränkten, als Jude war ich dafür vorbereitet, in die Opposition zu gehen.« (Freud an die Mitglieder der B'nai B'rith, 6. Mai 1926)

In *Der Mann Moses und die monotheistische Religion* rühmte er die »beispiellose Widerstandsfähigkeit« des jüdischen »Volkes«, das durch die Jahrhunderte hindurch eben »besondere Charakterzüge entwickelt habe: »Es ist kein Zweifel daran, sie haben eine besonders hohe Meinung von sich, halten sich für vornehmer, höherstehend, den anderen überlegen.« Freuds religionspsychologisches Argument der angemaßten Exklusivität dient der Erklärung der gegenwärtigen Idiosynkrasie: »Wenn man der erklärte Liebling des gefürchteten Vaters ist, braucht man sich über die Eifersucht der Geschwister nicht zu verwundern.« Unüberschreitbar scheint der »hermetische Ort«, von dem Ludwig Börne im vierundsiebzigsten seiner Briefe aus Paris schrieb: »Die einen werfen mir vor, daß ich ein Jude sei, die anderen verzeihen mir es, der dritte lobt mich dar dafür, aber alle denken daran. Sie sind wie gebannt in diesem magischen Judenkreise, es kann keiner hinaus.« Das Wort »Jude« sei, so Börne, in einer Kritik aus dem Jahre 1821, nachgerade der »unzertrennliche Schatten aller Begebenheiten, aller Verhältnisse, aller Gespräche, jeder Lust und jeder Verdrießlichkeit«. Zwei Beispiele aus der Mitte der dreißiger Jahre des 20. Jahrhunderts nehmen das Bild vom magischen Kreis auf, stellen es in den Kontext der Vorbereitungen zur vollständigen Auslöschung, die sich in den barbarischen Rassegesetzen nunmehr uncamoufliert manifestierte. Als ein deutschnationaler Gelehrter seinen Zuhörern bei einer Vorlesung verkündete, er sei aus dem Judentum ausgetreten, machte Max Brod den Zwischenruf: »Aber das Judentum nicht aus Ihnen!« Fast zur gleichen Zeit schrieb Kurt Tucholsky an Arnold Zweig: »Ich bin im Jahre 1911 ›aus dem Judentum ausgetreten‹ und ich weiß, daß man das gar nicht kann.«

MIT GOTT KANN MAN NICHT DISKUTIEREN

Über Scholem Alejchem

1.

Scholem Alejchems Lebensphilosophie läßt sich am besten in einem Paradoxon beschreiben. Ich nenne es optimistischen Fatalismus. Das *Dennoch*, das *Trotzdem* beherrscht sein Werk. Immerfort verdichtet sich die Welt, nicht nur die der Politik und die der Gojim, zu einer schier unüberwindlichen Bedrohung. Noch die Natur scheint davon nicht ausgenommen. »Die Schatten der Bäume werden so lang wie der jüdische Golus«, heißt es in *Tewje, der Milchmann*. Alle Helden des Dichters sind in die Schule der Erduldungsweisheiten gegangen. Alle rezitieren oder paraphrasieren die davidischen Bußpsalmen oder das Buch Hiob. Alle sind Leidens- und Gottesknechte, Virtuosen des Umgangs mit jenen Erniedrigungen, die seit dem Brand des Tempels das Diaspora-Leben stets mit neuen Varianten heimsuchen. Da liegt *religio*, die Rückbindung, nahe, und es hilft, hinter dem blutrünstigen Kosakenhäuptling Chmelnitzky die Gestalt des alttestamentarischen Haman zu erblicken, ja – in der Zeit der Pogrome – die Konturen Nebukadnezars hinter der zaristischen Geheimpolizei und den Schwarzen Hundert wahrzunehmen. Scholem Alejchems wunderliche Geschichten freilich sind fest verwurzelt in jener geschlossen-intakten Welt des osteuropäischen Judentums. 1916, inmitten des ersten großen Völkerschlachtens, aber weit ab von dessen Zentrum, ist der Autor gestorben. Er hat den schon vor dem Zweiten Weltkrieg und dem Genozid sich ereignenden Verfall der ostjüdischen Welt nicht mehr erlebt. Den Nachfolgern seines Tewje, etwa Jurek Beckers Jakob, verging der tragische Humor, den der jiddische Dichter noch im Angesicht der russischen Pogrome als Überlebenschance entwickeln konnte. Unmöglich für diese Nachfolger ein typischer Ausspruch Tewjes über das Leiden: »Aber Gott darf man mit solchen Fragen nicht kommen; am allerwenigsten darf es der Jude. Er muß alles als gut hinnehmen und zu allem sagen ›Auch dies ist zu meinem Besten, denn so will es wohl Gott‹.«
Schalom Rabinowitsch, bekannt geworden unter dem die übliche Grußformel verwendenden Pseudonym Scholem Alejchem (= hebr.: »der Friede sei mit Euch«), gehört mit Mendele Mojcher Sforim und

Jizchak Leib Perez zu den drei Klassikern der jiddischen Dichtung, der vielleicht letzten großen epischen Literatur, die das Abendland hervorgebracht hat. Was wissen wir von diesem Dichter, der zunächst hebräische Essays, Erzählungen und Romane schrieb und dann als Vierundzwanzigjähriger mit der Erzählung *Zwei Schteiner* die rhythmischen Linien des Jiddischen entdeckte, den milden Klang, der aus den großen Schmerzen kleine Geschichten zu destillieren vermochte? Geboren wurde er 1859 in dem ukrainischen Städtchen Perjaslawl, das zum Gouvernement Poltava gehörte. Sein Vater, ein nicht unbemittelter Getreide- und Holzhändler, war ein Vertreter der sogenannten Haskalah, der jüdischen Aufklärung, die entscheidend von Isaak Ber Lewinson (1788-1860) beeinflußt war, der als Begründer der Wissenschaft vom Judentum dem dogmatischen, strenggläubigen Chassidismus des Ostjudentums den Kampf angesagt hatte. Die Maskilim, die Aufklärer, bestanden auf der Verbindung von Religion und Vernunft, Tradition und Emanzipation. Ein Gedicht Jehuda Leib Gordons aus dem Jahre 1863 (*Hakiza ami, Erwache mein Volk*) brachte das prägnant auf die Formel: »Sei ein Mensch, wenn du ausgehst, ein Jude in deinem Zelt.« Scholem Alejchems Vater freilich rückte aller Weltläufigkeit zum Trotz von dem mystisch geprägten Chassidismus nie ganz ab und verehrte im Rabbi von Talno weiterhin einen berühmten Repräsentanten dieser Richtung. Die Kindheit des Dichters – er hatte noch 12 Geschwister – verlief demgemäß im Spannungsfeld zwischen Orthodoxie und Assimilation, zwei Elemente also, die auch im späteren Werk immer wieder aufeinander prallen sollten. In der Schule der Kreisstadt, dem russischen Gymnasium, erhielt er eine weltliche Ausbildung. Nach deren Beendigung – er bestand das Abschlußexamen mit Auszeichnung – wurde er Privatlehrer bei einem reichen Gutsbesitzer in Sofievka bei Kiew, dessen Tochter er, wie Max Brod schreibt, nach »jahrelangen romantischen Abschieden und Kämpfen« zur Frau errang. Ein Studium war für ihn im damaligen zaristischen Unterdrückungssystem unmöglich. Bevor er sich endgültig entschloß, ausschließlich vom Schreiben zu leben, arbeitete er für drei Jahre in Lubny als Kronrabbiner (1880-83) und dann 1890 – er brachte dabei das Vermögen seines Schwiegervaters durch, ein Vorgang, den der spätere Roman von *Tewje*, dem Milchhändler variiert – als Börsenspekulant in Odessa und Kiew. Für seine Frau und sechs Kinder zu sorgen, wurde immer problematischer. Seit 1879 hatte er zu publizieren begonnen. In rascher Folge entstanden Novellen (etwa *Natascha*), Dramen (*Das Kontorgeschäft*), Satiren

(*Die Weltreise*) sowie Gedichte, Humoresken und Monologe. In der Petersburger Zeitung *Das jidische folksblat* verwendete der Vierundzwanzigjährige erstmals sein Pseudonym, ein Entschluß, der noch von Rücksichten auf die Gemeinde bestimmt war. Die Erzählung *Das Messerchen* schildert das Leben eines armen Jungen, dessen ganze Weltneugier und Lebenshoffnung sich in dem Wunsch bündelt, ein Messer zu besitzen. Dieses Requisit der Freiheit, durch Diebstahl errungen, wird am Ende freiwillig wieder preisgegeben. Die Erzählung steht am Anfang all jener Leidensgeschichten über mißglückte Versuche, der Enge der Schtetlwelt zu entkommen, die bis ins Spätwerk des Schriftstellers reichen. Zugleich aber begann die literarische Öffentlichkeit, Notiz von dem jungen Autoren zu nehmen, der sich nun vehement gegen die gängige jiddische Kolportage- und Unterhaltungsliteratur wandte. Er gründete 1888, gestützt durch eine Erbschaft, das Jahrbuch *Die jidische folksbibliothek*, in der auch Jizchak Leib Perez veröffentlichte. Wenngleich nur zwei Nummern erscheinen konnten, bedeutete das Jahrbuch dennoch eine Wende. Die seriöse jiddische Literatur hatte sich präsentiert und damit die Wege der berühmten späteren Autoren Schalom Asch, Chaim Nachman, Abraham Rejsen, David Bergelson, Der Nister, Josef Opatosche bis hin zu den Brüdern Israel Joschua und Isaak Baschevis Singer.

Scholem Alejchem, nunmehr ganz vom Schreiben abhängig, avancierte zum berühmtesten jiddischen Autor. Seine Werke wurden erstmals übersetzt, häufige Lesetourneen brachten große Erfolge, seine Erzählungssammlung *Kleine Menschelech* geriet fast zum Bestseller. Ebenso sein bedeutendstes Werk, der 1894 erschienene Episodenroman *Tewje, der Milchmann*, dessen Bekanntheit nicht zuletzt durch das 1964 uraufgeführte Musical bis zum heutigen Tag andauert. Zwischen 1892 und 1913 entstand sein Briefroman *Menachem Mendel*. Dem hiobischen Tewje wird nun ein immer wieder Hoffnung fassender, in unzählige Tätigkeiten verstrickter Optimist gegenübergestellt, dessen Lebensweg freilich – geschildert wird das im Ostjudentum nicht eben seltene wirtschaftliche Ungeschick des Mannes, dem die pragmatische Effizienz der Frauen weit überlegen ist – in den ungewissen Aufbruch nach Amerika gipfelt. Der Held schreibt einen bezeichnenden Abschiedsbrief an seine Frau und die Kinder: »Ich will Tag und Nacht arbeiten, nichts soll mir zu schwer sein. Und wenn der Herr mir hilft und ich habe, so Gott will, Glück, und Glück haben werde ich sicher; das ist so gewiß, wie jetzt auf der ganzen Welt Tag ist, dann schicke ich Dir Schiffskarten für Dich und die Kinder, nehme Dich hinüber und Du sollst bei mir ein Leben führen wie die mächtigste Prinzessin, sollst vom Schönsten und vom Besten haben und kein Stäubchen soll auf Dich fallen. Es ist auch wirklich schon an der Zeit, daß Du auch etwas von der Welt weißt! Drum keine Sorge, keine Kümmernis –, wir haben einen starken Gott!«

Der autobiographische Aspekt ist bei aller humoristischen Distanz offenbar. Die materiellen Sorgen verließen auch Scholem Alejchem nie. Politische Bedrohungen traten hinzu. Das nach der mißglückten Revolution 1905 in Kiew ausgebrochene Pogrom gab das Signal für den Aufbruch. Allgegenwärtig war die berüchtigte zaristische Geheimpolizei, blind die Wut der angestachelten nichtjüdischen Bevölkerung, die sich schnell über den Besitz der Vertriebenen hermachte. Der erste große Exodus aus Osteuropa hatte begonnen. 1905 wanderte Scholem Alejchem nach erfolgreichen Vortragsreisen in Österreich und der Schweiz mit seiner Familie nach Amerika aus, wo er sich sogleich ins literarische Leben stürzte. Nicht mit seinen Theaterstücken, auf die er setzte (*Schwer zu sein ein Jud* war noch das bekannteste), sondern weiterhin mit seinen Romanen und Erzählungen vermochte er sich zu behaupten. 1907 kehrte er nochmals nach Europa zurück, um sich dann – mit dem Ausbruch des Ersten Weltkrieges – endgültig in Amerika niederzulassen. Hier entsteht *Motl peissi dem chasans* (*Motl, der Kantorssohn*), der Roman der Auswanderung von dem kleinen ukrainischen Schtetl Kasrilewke zur Lower East-Side von New York, mit den Zwischenstationen Lemberg, Krakau, Wien, Antwerpen und London. Eine jüdische Odyssee, deren Held – wie immer bei Scholem Alejchem – eine tragikomische Figur, hier ein schelmenhafter Überlebenskünstler, ist, den man mit derselben Berechtigung als jiddischen Huckleberry Finn bezeichnet hat, mit der der große Mark Twain einmal zu Scholem Alejchem gesagt haben soll: »Ich möchte mich Ihnen selbst vorstellen. Ich bin der amerikanische Scholem Alejchem.« Was aber ist für den unbezwingbaren Helden des Romans die Neue Welt? Nichts anderes eigentlich als die alte: »Alles in der Welt hat ein Ende. Das Ende unserer Einfahrt nach New York ist gekommen. Wir sind schon auf der Straße. Hier heißt es street. Wenn ich nicht wüßte, daß wir in Amerika sind, glaubte ich gewiß, wir seien in Brody oder in Lemberg. Die gleichen Juden, die gleichen Frauen, der gleiche Krach, der gleiche Mist wie dort, bloß der Tumult und das Gepolter ist hier viel größer. Und der Lärm ist stärker; lauter. Auch die Mauern sind höher. Viel höher. Sechs Stockwerke – das ist zum Lachen. Es gibt Häuser mit zwölf Stockwerken. Mit zwanzig. Und mit dreißig. Und mit vierzig. Und noch höher. Darüber später mehr. Vorläufig sind wir mit unserem Gepäck auf der Straße. Wir müssen ein Stück zu Fuß gehen. Hier heißt es ›walken‹. Und wir walken.«

Am 13. Mai 1916 starb der längst schon an Tuberkulose und Diabetes erkrankte Dichter in Brooklyn. Auf eigenen Wunsch wurde er auf dem Armenfriedhof des Arbeiter-Rings beigesetzt: »Wo immer ich sterben sollte, ich wünsche nicht unter den Vornehmen, Leuten von hoher Abstammung begraben zu werden, auch nicht bei den reichen Leuten, sondern inmitten einfacher jüdischer Arbeiter unter dem schlichten Volk; so daß der Grabstein, den man mir setzte, den schlichten Gräbern rings um ihn und die schlichten Gräber meinem Grabstein zur Ehre gereichen, ganz so wie das einfache ehrliche Volk seinen Volksdichter zu Lebzeiten geehrt hat.«

2.

»Der Jude muß hoffen und immer hoffen! Und wenn er dabei zugrunde geht? Nun, dazu sind wir ja eben Juden auf der Welt …«

Es ist, unberufen, nur eine Hoffnung, daß die Geringen aus dem Staub aufgerichtet und die Armen aus dem Kot erhöht werden. Immer war dieses Wort aus dem einhundertdreizehnten Psalm eine Utopie. Immer wollte es die Wirklichkeit anders, als sei sie unumstößlich aus auf die Bestätigung jener Theorien, die von den Qualen der babylonischen Zerstörung über die biologistischen Programme des »survival of the fittest« geradewegs in die Höllen der zaristischen Pogrome führten. Zu zahlreich sind die Feinde, und Tewje, der Milchmann, spürt dies genau und weiß im Innersten, daß sie sich nicht nur aus den Feinden Zions rekrutieren. Intoleranz und Menschenverachtung finden sich auch in den eigenen Reihen. Tewje aber ist »ein guter Mensch«. Er läßt sein Pferdchen verschnaufen, wenn es müde ist. Im übrigen eine rechte Gelegenheit, eine Geschichte zu erzählen. Und genau bei einer solchen Verschnaufpause beginnt der Roman *Tewje, der Milchmann*, der erzählerische Höhepunkt der jiddischen Literatur. Tewje trifft den neugierigen Autoren, beschwört ihn augenzwinkernd, nichts aufzuschreiben von dem, was er berichtet. Am Schluß sind beide, der Milchmann und der Autor, gealtert. Die Zeichen haben sich geändert.

»Wo werden wir Städte suchen gehen«, fragt Zeitel, die älteste, zur

Witwe gewordene Tochter ihren Vater Tewje in dem erst 1914 geschriebenen 8. Kapitel, das den Titel *Zieh fort* trägt.

Scholem Alejchem war der erste, der das Kaddisch auf die untergehende Welt des Ostjudentums anstimmte. Er gab durch seinen Helden auch die Antwort: »›Dummkopf‹, sag ich, ›als Gott zu unserem Ururgroßvater kam, zu unserem Erzvater Abraham, und ihm sagte‹, sag ich, ››ziehe fort aus deinem Lande‹, fragte ihn da‹, sag ich, ›Abraham auch nur ein Wort, wohin? Gott sagte ihm‹, sag ich, ››in das Land, das ich dir zeigen werde‹, das bedeutet: nach allen vier Richtungen. Wir werden gehen‹, sag ich, ›wohin uns die Augen führen, wohin alle Juden gehen! Was passieren wird‹, sag ich, ›mit allen Juden, wird passieren mit dem Herrn Juden.‹‹«

Oft ist er gestaltet worden, der Schmerz um den Verlust der Kinder. Hekuba und Lear, Jakob und Rigoletto sind Gestalten solchen Verlustes. Ihr Leiden zieht sich durch die Geschichte, und Gottfried Keller hatte recht, als er zu Beginn seiner traurigen Erzählung von *Romeo und Julia auf dem Dorfe* darauf hinwies, wie tief im Menschenleben jede jener Fabeln wurzelt, auf welche die großen alten Werke gebaut sind. »Die Zahl der Fabeln ist mäßig: Aber stets treten sie in neuem Gewand wieder in die Erscheinung und zwingen alsdann die Hand, sie festzuhalten.« Scholem Alejchem verknüpft in seinem Protagonisten Tewje zwei dieser Fabeln. In Tewje inkarnieren sich das Los Hiobs und die Verzweiflung des um seine Kinder gebrachten Vaters. Wie später, in Mendel Singer, Joseph Roths ostjüdischem *Hiob*, erscheint das Schicksal des Milchmannes ganz eingewoben in eine ehemals geschlossene Welt, die gerade dabei ist – durch Assimilation, politische Bedrohung und gesellschaftlichen Wandel –, sich aufzulösen. Tewje stellt sich selbst, zunächst hilfesuchend, zuletzt mit größter Ironie, in den Kontext Hiobs. Sein Beharren darauf, daß Gott ein berechenbarer Zahler ist, die nicht abreißenden Verweise auf den göttlichen Ursprung jeder Lebensweisheit, die humoristischen Verbiegungen und Erfindungen von Weisheitssprüchen – etwa »Raschi sagt, komm Bruder; nehmen wir einen Schluck Branntwein« – wird von Anfang an hiobisch in den Kontext des Theodizee-Gedankens gestellt. »Warum gibst du dem einen Buttersemmeln und dem anderen nichts als Plagen?« Tewje sucht wie Kafkas Josef K. die Ursache, die zu seiner Verurteilung zum Leiden geführt hat. Er bekommt so wenig wie Hiob, so wenig wie Josef K. eine Antwort. Sein ewiger Dialog mit einem schweigenden Adressaten wird, je größer die Schicksalsschläge geraten, desto grotesker. Nachdem Zeitel einen Schneider geheiratet hat, wird dieses Geschehnis von ihm geradezu klassisch begründet: »›Er ist doch‹, sage ich, ›ein barmherziger Vater und hat Mitleid mit mir; und doch verfolgt er mich – er soll mich für diese Worte nicht strafen! – und rechnet mir alles an; ich soll aber dabei noch schreien: Lebendiger und ewiger Gott! Aber es muß wohl so sein,‹ sage ich, ›denn Er ist oben, und wir sind hier unten, tief in der Erde. Und darum müssen wir sagen, daß Er gerecht ist, und daß auch sein Urteil gerecht ist. Denn, wenn ich es mir so überlege, so bin ich doch eigentlich ein Narr! Was schreie ich? Was lärme ich? Was heißt das,‹, sage ich, ›daß ich kleiner Wurm, der ich auf der Erde herumkrieche, und den der leiseste Windhauch, wenn Gott will, in einem Augenblick vernichten kann, mich mit meinem närrischen Verstand hinstelle und Ihn belehren will, wie Er seine Welt regieren soll? Wenn Er es so haben will, so muß es wohl auch so sein! Was helfen da alle Klagen?‹«

Am Ende – Zeitel ist Witwe geworden, Golde, seine Frau, längst tot, Hodel, die zweite Tochter, in Sibirien, Chawe, die dritte, hat einen Christen geheiratet, Sprinze, die vierte, hat Selbstmord verübt und Bejelke, die fünfte, leidet unter ihrer Ehe, das Land wird von Pogromen heimgesucht, die Flucht in den Westen muß durchgeführt werden – am Ende also wird aus solcher disputierender Bejahung der Schöpfung die äußerste Verzweiflung. Das Hauptüberlebensmedium Tewjes, der Humor, verblaßt. An seine Stelle tritt die fast an den Rand des Zynismus gehende Vermutung eines diabolischen Spaßes des Welterschaffers mit seiner Schöpfung. Da verschlagen plötzlich alte Sentenzen wie »ob du willst oder nicht, du bist verpflichtet zu leben nicht mehr. Lehne ich mich denn, Gott behüte … gegen die Beschlüsse des Ewigen auf? Denn wenn er seine Welt so eingerichtet hat, … daß die Kinder keine Kinder mehr sind …, und die Eltern nichts mehr gelten …, so weiß er wohl selbst, was er zu tun hat …«

Proportional zu den Unglücksfällen steigt die ironische Distanz. »Gott liebt es, mit den Menschen zu spielen« oder: »Wo ist Gott? Der alte jüdische Gott? Warum schweigt er?« Als die zaristischen Massaker in die Vertreibung gipfeln, kommt es zum gänzlichen Gegensatz von schlechter Schöpfung und zukünftiger Erlösung. Es trennt sich die messianische Erwartung von der Rechtfertigung des Bestehenden. Tewje gelangt zur Erkenntnis eines genuin bösen Ursprunges, gegen den nur die Hoffnung auf den auf weißem Pferde ankommenden Messias aufgeboten werden kann: »Was ist das Diesseits? Und was ist das Jenseits? Und warum kommt der Messias nicht?« Schließlich aber wird Tewje sogar die Hoffnung selbst fragwürdig, und er erkennt, welche Gefahren ein Dasein mit sich bringt, das gänzlich den Boden der Wirklichkeit überstiegen hat und nur noch nach dem Morgen fragt. Alles scheint verloren, das Alte und das Neue. »Mit Gott kann man nicht diskutieren«, heißt es. Und die erhoffte neue Zeit? Tewje findet am Schluß des Romans hierfür die mit äußerster Lakonik ausgesprochenen unendlich resignativen Worte: »Wenn man nach dem Messias ausschaut, kommt der Milizionär.«

Tewjes Leben ist das Spiegelbild einer untergehenden Welt. Zwanzig Jahre nach Scholem Alejchems Tod beginnt die endgültige Katastrophe. Ausgelöscht ist die ostjüdische Welt. Nur noch dem archäologischen Blick gelingt die Rekonstruktion des Schtetls und seiner Arme-Leute-Literatur. Scholem Alejchems Mitstreiter Jizchak Leib Perez hat in einem frühen Gedicht für dieses Verschwinden die ahnungsvollen Worte gefunden:

Und der Wein ist ausgetrunken.
In einem Riß des Kruges
Hängt noch ein Tropfen verborgen.
Und er verdunstet.

DRAMATURGIE DES RUFMORDES

»... wenn heute noch in Österreich die Scheiterhaufen
gen Himmel lohten«

I. Vorbemerkung

Als ich 1979 von Professor Heinrich Schnitzler die Genehmigung erhielt, die Typoskripte der Tagebücher seines Vaters für ein Buch über
dessen Judentum zu lesen, bestätigte sich eine schon nach der Lektüre
der Autobiographie *Jugend in Wien* gehegte Vermutung. Deutlich
wurden der enge Bezug von Leben und Werk, das oft Jahrzehnte wäh-
rende Ringen um die Durchdringung und Ausarbeitung eines einmal
erkannten Stoffes. Neu waren für mich Schnitzlers musikalische
Passion – sie ist bis jetzt noch nicht gewürdigt –, seine minutiösen
Traumanalysen, seine beständige Auseinandersetzung mit politischen
und geistigen Gegenwartsströmungen, sein aufmerksamer Blick auf die
literarische Welt. Ohne Ordnung, ohne Reflektion auf eine künftige
Leserschaft, versammelten sich in den Aufzeichnungen Bruchstücke,
die sich erst im Werk motivisch zusammenfügten. Auffallend erschien
mir Schnitzlers Ambition zur nachgerade unlimitierten Selbstkritik.
Solche autodiagnostische Kraft übersetzt sich in der Dichtung in die
Perspektive des Erzählers, die aufdeckende Dialogführung des Dramatikers. Selbsterkenntnis entpuppt sich als Bedingung der Weltdarstel-
lung, die Analyse der eigenen Empfindungen als die Voraussetzung der
Gesellschaftsdiagnose.

Schon 1897 formuliert Schnitzler: »Es wird bald wieder Zeit, die Tragödie der Juden zu schreiben.« Der Zeitgenosse Herzls, Freuds und
Mahlers ist der erste, der den Identitätskonflikt des jüdischen Bürgertums auf dem Gipfel seiner Assimilation erkennt. Die Warnung vor
dem trügerischen »Sicherheitswahn«, dem »Wahn des Geborgenseins«
steht hinter dem großen Roman *Der Weg ins Freie*, hinter den
Dramen *Professor Bernhardi* und *Der Gang zum Weiher*. Schnitzlers
realistisches Panorama Wiens um die Jahrhundertwende zerstört den
gängigen Mythos vom »goldenen Zeitalter der Sicherheit« und zeigt,
wie sich unter der heiteren Oberfläche die Wegbereiter des Genozids
nahezu ungestört formieren können. Schnitzler, der Diagnostiker, sagt

treffend: »In einer kranken Beziehung haben wir wie in einem kranken Organismus auch das scheinbar Nichtigste als Symptom der Krankheit zu deuten.«

Das Motiv des von der Gesellschaft isolierten und exterritorialisierten Individuums, der Untergang unter der Last des Gerüchtes tritt an verschiedensten Stellen in Schnitzlers epischem und dramatischem Werk auf. In *Professor Bernhardi* wird es zum Zentrum. Schnitzler beschäftigt sich mit der Anatomie und der Dramaturgie der Rufmordkampagne.

II. Komödien

»Jemand mußte Josef K. verleumdet haben, denn ohne daß er etwas Böses getan hätte, wurde er eines Morgens verhaftet.« Josef K., Bankangestellter, glaubt für einen kurzen Augenblick, daß das ganze ein Spaß ist: »War es eine Komödie, so wollte er mitspielen«, heißt es. Bald weiß K., daß dem nicht so ist. Bis zum Ende sieht er seinen Richter nicht. Dennoch fragt er die Exekutionsbeamten in ihren schwarzen Gehröcken und unverrückbaren Zylinderhüten kurz vor seiner Hinrichtung noch einmal: »An welchem Theater spielen Sie?« Komödien zeigen die Menschen in ihrer Unzulänglichkeit. Sie zeigen sie in ihren partikularen und parasitären Interessen. Sie zeigen sie in ihrer banalen Wirklichkeit. Friedrich Dürrenmatts Axiom, wonach einzig der Komödie es noch gelingt, der verworrenen Wirklichkeit unseres Jahrhunderts beizukommen, ist wohl kaum zu widerlegen. Gerade für Gerüchte und Rufmordkampagnen stellt sich diese Dramenform als ideale Entfaltungsmöglichkeit dar, auch wenn man über das Opfer nicht lacht; worauf man – Chaplin hat es uns vorgeführt – sonst so ungern verzichten mag.

Neben der Tatsache seiner jüdischen Herkunft provozierte der französische Hauptmann Dreyfus seine Kameraden und Vorgesetzten durch ein übermäßiges, ja arrogantes Selbstbewußtsein. 1894 wurde er wegen angeblicher Spionage für Deutschland vom Militärgericht degradiert und lebenslänglich nach der Teufelsinsel, an der Küste von Französisch-Guyana gelegen, verbannt. Alle Lebenszeugnisse sprachen gegen einen solcher Verrat, aber – mit Lessing –: »Macht nichts, der Jude wird verbrannt.« Dreyfus insistierte auf seiner Unschuld. Die Familie stand ihm zur Seite. Man sammelte Entlastungsmaterial, um den Justizirrtum nachzuweisen. Die antisemitischen Militärbehörden aber schalteten auf brutale Weise dergleichen Ermittlungen aus. Emile Zola schrieb seinen offenen Brief an den Präsidenten der Republik *J'accuse* (Ich klage an) Dieses Wort sollte von nun an sich verselbstständigen, zum Synonym aller kommenden Verteidigungen gegen Rufmord werden. Der Kampf polarisierte sich. Auf der einen Seite stand die klerikal-monarchistische Reaktion, auf der anderen die republikanisch-demokratische Bewegung. Zola sollte ins Gefängnis für ein Jahr, entzog sich dem aber durch die Flucht nach England. Unruhen in vielen Städten folgten, jüdische Läden wurden geplündert, in Algier kam es zu einem regelrechten Pogrom. Erst im Spätsommer 1898 begann das Lügengerüst zusammenzustürzen, die Dreyfusards gewannen Raum. Beim erneuten Prozeß im September 1899 wurde auf Dreyfus' Verteidiger Labori ein Attentat verübt. Dreyfus aber wurde wiederum verurteilt, diesmal nur zu zehn Jahren Gefängnishaft: ein offenkundiges, aber vor sich selbst zurückschreckendes Eingeständnis, dem alsbald die Begnadigung folgte. Erst im März 1904 wurde die vollständige Unschuld des Hauptmanns bestätigt, der nun zum Major avancierte. Bei Zolas Beerdigung 1908 wurde er von einem antisemitischen Journalisten angeschossen, den man tatsächlich frei sprach.

Alfred Dreyfus starb im Juni 1935. Bald nach seinem Tode wurden die Nürnberger Rassegesetze verkündet. Hätte er noch fünf Jahre länger gelebt und die Besetzung von Paris im Jahre 1940 erlebt, dann …

Theodor Herzl, Journalist der *Neuen Freien Presse*, war als Zeitungskorrespondent ein Zeuge des Ausbruchs der Dreyfus-Affäre. Die Affäre geriet zum maßgeblichen Grund, den »Judenstaat« in Angriff zu nehmen. »Ins Wasser werfen kann man uns nicht – wenigstens nicht alle – bei lebendigem Leib verbrennen auch nicht. Es gibt überall Tierschutzvereine. Also was? Man müßte uns schließlich ein Stück Land auf dem Erdball suchen, wenn Sie wollen – ein Weltghetto.«

In Wien wurde Herzls Broschüre zum Stadtgespräch. Herzl spricht auch mit Schnitzler über seine »Judenidee«. »Als ich sagte: Es ist die Renaissance als Schlußpunkt dieses klassischen Jahrhunderts der Erfindungen im Verkehrswesen« soll, so berichten es Herzls Tagebücher, Schnitzler begeistert gewesen sein. Ich habe an der Aufrichtigkeit dieser Eintragung große Zweifel. Wie Schnitzler reagiert hat, als ihm Herzl anbot, zum ersten Intendanten des Theaters im neuen Land zu werden, denn in Palästina werde man seine Stücke besser spielen als am Burgtheater, ist nicht überliefert. Ich bin aber sicher, daß sich Komik hergestellt hat, vielleicht jener gutaufgelegte ironische Humor des Professor Bernhardi, des vom Rufmord verfolgten Helden einer Komödie, deren politisches Potential in nichts anderem als in der entlarvend komischen Negation von Politik schlechthin bestehen sollte. Immerhin: Die Rufmordkampagne gegen Dreyfus erschütterte die damalige Welt. Es ist kaum anzunehmen, daß sie, und auch Herzls Konsequenz, keine Rolle bei der Entstehung der Komödie vom *Professor Bernhardi* gespielt hat.

In seiner Komödie nämlich zeigt uns Schnitzler die Eigendynamik des Gerüchts, den Automatismus der Verleumdung, das Fazit einer Entwicklung, in der sich – wie Hofmannsthal es formulierte – die »Worte vor die Dinge gestellt« haben und »das Hörensagen« die Welt verschluckt hat. In einer komischen Oper hatte fast 100 Jahre zuvor Gioacchino Rossini, auf ein Stück von Beaumarchais zurückgreifend, diese Eigendynamik auf musikalische Weise gestaltet. Die berühmte Baßarie des gerne im klerikalen Gewande inszenierten Don Basilio aus dem *Barbier von Sevilla* zeigt in ihrer Entwicklung vom kaum merklichen Windhauch bis zum explosiven Crescendo am Schluß, das Kanonendonner gleicht, wie »La calunnia« sich ausbreitet, erst »piano, piano, terra, terra, sottovoce sibilando«, am Ende aber »un tremuoto, un temporale, un tumulto generale …«. Dazu das Fis als höchster Ton des Bassisten, aber auch als Zenith des Gerüchts, als Apotheose der Verleumdung, begleitet vom Tremolo des ganzen Orchesters und fortissimi gespielten Unisonoläufen. Auf Deutsch: »Die Verleumdung ist ein Lüftchen, / ein ganz feiner Windhauch, / kaum vernehmbar, mild, / leicht und sanft / fängt er an zu säuseln.« Dann aber »leise, zischelnd / strömt und flüstert er; in die Ohren der Leute / dringt er« und »die Köpfe und die Hirne / werden taub und schwellen an« bis zum Erdbeben. Am Ende bleibt zumeist der Verleumdete am Boden, avvilito, calpestato, erniedrigt und getreten, dazu verurteilt, endgültig unterzugehen.

III. Verleumdungen

Der Mechanismus der Verleumdung, die Dramaturgie des Rufmordes stehen in einem unbeweglichen Koordinatensystem. Vor allem in geschlossenen Gesellschaften, in Instituten, Akademien, Betrieben, Parlamenten, abgezirkelten Klassen- und Ständesphären lassen sie sich studieren. *Professor Bernhardi* steht da keineswegs allein. Vier Romane etwa aus vergangenen Jahrzehnten zeigen den stereotypen Verlauf der

Kampagne. Heinrich Bölls hübsche Haushälterin Katharina Blum wird unversehens als Terroristenliebchen denunziert. Das als ZEITUNG allegorisierte System des Verdachts erfindet eine Mörderin: »Als erstes nachweisbares Opfer der undurchsichtigen, immer noch auf freiem Fuß befindlichen Katharina Blum kann man jetzt ihre eigene Mutter bezeichnen, die den Schock über die Aktivitäten ihrer Tochter nicht überlebte. Ist es schon merkwürdig genug, daß die Tochter, während ihre Mutter im Sterben lag, mit inniger Zärtlichkeit mit einem Räuber und Mörder auf einem Ball tanzte, so grenzt es doch schon ans extrem Perverse, daß sie bei dem Tod keine Tränen vergoß.«

Maarten't Harts 1996 erschienener Roman *Die Netzflickerin* erzählt die Geschichte des eigenbrötlerischen Apothekers und Philosophen Simon Mindehout, der nach dem Krieg von den Menschen eines südholländischen Hafennestes als Kollaborateur stigmatisiert wird. »Was verlangst du denn«, fragt ihn sein jüdischer Freund Aaron: »Einen Prozeß? Rehabilitierung? Schmerzensgeld? Dazu wird es nie kommen. Sei sicher, die Anschuldigungen gegen dich sind austauschbar, demnächst ist wieder jemand da, der Schmiergeld angenommen hat oder mit einer staatlichen Kreditkarte zu Prostituierten gegangen ist oder an seinem Arbeitsplatz umsonst telephoniert hat. Auf den richten sie dann ihre Kameras.« Solcher Genuß an den Uraltsünden anderer, »Kern all der Sensationsspalten und der Talk-Shows«, ist kaum stillbar. Auch nicht in den philologischen Abteilungen jener beiden Rufmordromane der jüngsten Zeit, worin zwei angeblich die Moral der Institute verletzt habende Literaturprofessoren vernichtet werden.

David Lurie, Protagonist von J. M. Coetzees 1999 erschienenem Roman *Schande*, hat eine harmlose Affäre mit einer Studentin. Dem Verfahren entzieht er sich durch ein klares Schuldbekenntnis. Als Casanova, dessen Tage vorbei sind, sieht er sich als Zielfigur der Aktionswoche von *Women Against Rape*, auf dem Campus organisiert, diffamiert. »Die Leute reden, David. Jeder hat von deiner letzten Affäre gehört, bis ins pikanteste Detail [...] Kein Mitleid, keine Gnade, nicht heutzutage und in dieser Zeit. Alle werden gegen dich sein, und warum auch nicht?«

Eine Jagdgesellschaft konstituiert sich. Der Fall soll vertraulich behandelt werden, aber natürlich wird das nicht eingehalten, natürlich redet man. Warum sonst verstummt das Geplauder, wenn er das Dozentenzimmer betritt, warum sonst stellt eine jüngere Kollegin, mit der er bisher ein durchaus freundliches Verhältnis hatte, ihre Teetasse hin und geht fort und schaut im Vorbeigehen durch ihn hindurch? Warum erscheinen nur zwei Studenten zum ersten Baudelaire-Seminar?

Die Gerüchteküche, denkt er, die Tag und Nacht brodelt und den Ruf von Menschen vernichtet. Die Gemeinschaft der Gerechten hält ihre Sitzungen in Winkeln ab, verständigt sich per Telefon, hinter verschlossenen Türen. Hämisches Geflüster. Schadenfreude. Zuerst das Urteil, dann der Prozeß.

Schließlich der große Roman von Philip Roth, der Abschluß seiner amerikanischen Trilogie, *The Human Stain* (*Der menschliche Makel*), der Bericht einer Hexenjagd auf einen Professor für klassische Literatur, dem fälschlich rassistische Behauptungen und antifeministische Praktiken nachgewiesen werden. Auch hier die identische Mechanik der Ausgrenzung, die Chronologie der zunehmenden Verleumdungsdichte, »die fortwährend quälenden Sitzungen, Anhörungen und Befragungen, die Schriftstücke und Briefe an die Collegeverwaltung, die Fakultätsausschüsse […], die Beschuldigungen, das Leugnen, die Gegenbeschuldigungen, die Stumpfheit, die Dummheit, der Zynismus, die krassen und absichtlichen Fehldeutungen, die mühseligen, wieder und wieder eingeforderten Erklärungen, die inquisitorischen Fragen ...«

Inquisition: Diese altehrwürdige Instanz, die Meisterin einer Herrschaft des Verdachts, steht Pate auch bei Schnitzlers Versuch über den Mechanismus des Rufmordes.

Wie so oft bei Schnitzler auch hier ein Urentwurf, der hernach erst einmal unausgeführt blieb. »Ein Arzt wirft den Priester zur Türe hinaus, der einen Sterbenden versehen will. Denn dieser Sterbende hält sich für gesund, ahnt nicht, daß er dem Tode nah ist.« Gleich auf demselben Notizblatt wird eine Variante vermerkt, die als Sterbende ein junges Mädchen wählt. Deren Verlobter läßt den Pfarrer nicht durch die Tür. Daneben steht ein jüdischer Arzt, der – wohl in Erinnerung an bereits gemachte, unangenehme Erfahrungen – sich lieber abseits hält. Noch nichts ist hier erwähnt von dem, was das Stück später – unabhängig vom Konflikt Priester und Arzt – ins Zentrum rückt: Die Ausweitung eines ethisch motivierten Interessenkonfliktes zum pompösen öffentlichen Skandal, zu einer Rufmordkampagne sondergleichen. Eintragungen von 1903 und 1904 machen deutlich, wie das Stück auf diesen Konflikt hin nun beginnt, Konturen zu gewinnen. Der Name des Arztes steht inzwischen fest: Bernhardi, Institutsgründer, von chauvinistischen Strebern diskreditiert, ein Verächter allen Cliquentums.

Die autobiographischen Bezüge des Werkes sind genau erforscht. Wir wissen von dem Brief Dr. Johann Schnitzlers vom April 1893 aus William H. Reys Studie zum *Professor Bernhardi* vom Anfang der siebziger Jahre des zwanzigsten Jahrhunderts. In der Poliklinik des Vaters gab es einen Fall, der mit der in der Komödie spielenden Handlung um die Besetzung einer Stelle mit einem jüdischen oder einem nichtjüdischen Bewerbers etwas zu tun hatte. Aus dem Brief des Vaters spricht die Bitterkeit eines so verantwortungsbewußten wie erfolgreichen Poliklinikleiters angesichts des immer stärker sich gebärdenden Antisemitismus, der mit dem berüchtigten, im Stück auch erwähnten »Waidhofener Beschluß« der deutschnationalen Verbindungen jeden Menschen, »in dessen Adern jüdisches Blut rollt, [...] von Geburt aus« als ehrloses Wesen bezeichnete. In seinem großen Roman *Der Weg ins Freie* hat Schnitzler sowohl das Walten dieser Bewegung als auch die Reaktion und die Identitätskonflikte der Diskriminierten beschrieben. Des Bürgermeisters Lueger immer wieder zitierter Ausspruch »Wer ein Jud' ist, das bestimme ich«, findet sich paraphrasiert im *Professor Bernhardi* wieder, wenn der schöne blonde Professor für Frauenkrankheiten verkündet: »Gegenüber anständigen Juden gibt es keinen Antisemitismus.«

IV. Österreichische Zustände

In einem Brief an den Historiker Richard Charmatz vom 4. Januar 1913 präzisierte Schnitzler: »Ich habe eine Charakterkomödie geschrieben, die in ärztlichen und zum Teil in politischen Kreisen spielt, kein Tendenzstück, das den Konflikt zwischen Wissenschaft und Kirche« behandele. Eine »Charakterkomödie« also, die es ermöglicht, an einer zur Affäre gemachten Handlung »jede an ihr beteiligte oder nur sie anstreifenden Figur« in ihrem »innersten Wesen« preiszugeben. Die *Arbeiter-Zeitung* vom 6. Februar 1913 hatte demgemäß nur recht, als sie konstatierte: »Dem Dichter ist es nicht um eine politische Komödie zu tun. Er will uns Menschen und Zustände oder besser bestimmte Menschen in bestimmten Zuständen zeigen, und da er nicht außerhalb der Zeit und des Raumes lebt, so zeigt er uns österreichische Menschen in österreichischen Zuständen. Er kann nichts dafür, daß die Menschen und die Zustände so sind.«
Hier liegt auch der Grund, warum Schnitzler durch keinerlei Kritik sich dazu bewegen ließ, sowohl die jüdischen Herkunft des Helden

auszuklammern als auch an der jüdisch-nichtjüdischen Zusammensetzung des Ärztekollegiums etwas zu verändern. Allemal haben wir es in der Option für oder in der Entscheidung gegen Bernhardi nicht mit einem von Schnitzler gar nicht angestrebten Antagonismus *jüdisch-nichtjüdisch* zu tun. Solcherart vordergründige Polarisierung findet in dem Ärztestück eben nicht statt. Schnitzler im erwähnten Brief an Charmatz: »Es stimmt übrigens nicht, daß, wie Sie anmerken, die meisten Verteidiger des Professor Bernhardi überzeugte allzu laute Juden sind. Seine echtesten Freunde sind die Germanen Pflugfelder und Sohn. Sämtliche übrige Juden, mit Ausnahme des beinahe karikaturistisch gesehenen Löwenstein, sind, zumindest anfangs, mit dem Vorgehen Bernhardis nicht einverstanden, rücken von ihm ab, verraten ihn. Und wer von allen ist ›überzeugter‹ Jude? Was gilt Ihnen als überzeugter Jude? Der fromme? Der Zionist? Oder schon der Ungetaufte? Oder gar schon der, der seine Abstammung nicht verleugnet? Das ist mir nicht klar geworden.«

Wir wissen, daß der Schluß des Stückes unbefriedigend ausfallen mußte. Nicht etwa, weil hier die Titelfigur mit Kohlhaas'scher Beharrlichkeit bis zum Ende darauf pocht, daß ihr Fall eben nicht ihr Fall ist. Bernhardis wirklicher Antagonist, der die Politik schlechthin inkarnierende Unterrichtsminister Flint, wirft dem ehemaligen Studienkollegen vor, er spiele nichts anderes als eine »Tragikomödie des Eigensinns«. Keineswegs sei Bernhardis sture Insistenz lösbar von einem politischen Kontext, der mit Parlamentarismus, modernem Geist, Reformen und dergleichen mehr zu tun habe. »Wenn heute noch in Österreich die Scheiterhaufen gen Himmel lohten«, dann wäre es wohl nicht so weit gegangen mit der Courage, dann hätte man beizeiten die Segel gestrichen, sich geduckt. Nur ein wenig später, aber durchaus im gleichen Zusammenhang, spricht Bernhardi erstmals das Wort »Flucht« aus. Flucht, so sagt er dem jugendlich wirkenden Hofrat Winkler, auch einem Skeptiker, ins Gesicht, »vor dem, was sich jetzt zu entwickeln scheint«. Schlug da der Gedanke an die Bemerkung des Ministers noch durch? Sicherlich. Verräterisch genug lag deren Brandgeruch auch in der Replik des Hofrates auf Flints machiavellistischer Auffassung, daß es in der Politik auf kontrapunktische Strategie ankomme und nur politische Dilettanten daherplapperten im »Brustton der Überzeugung«. Winkler formuliert: »Bis einer kommt, Exzellenz, dem wieder einmal eine Melodie einfällt.« Wie ist das gemeint? Verlegt der Dramatiker hier schwerstes antizipatorisches Unbehagen in den

Mund eines sozialdemokratischen Beamten, der in gewisser Weise dann am unbefriedigenden Ende das Schlußwort ausspricht, nämlich: »Jetzt fängt die Geschichte erst an.« *Professor Bernhardi* entstand zwischen 1908 und 1911, rund dreißig Jahre, bevor ein sensibler Streichquartettsatz Haydns als martialisches Blech aus Österreichs Rundfunkapparaten dröhnte. Eine fünfaktige Komödie mit nur auf den ersten Blick offenem Ausgang. Sie handelt zunächst von einem erfolgreichen Mann, einem Weltmann in den besten Jahren, graumeliert und gutaussehend, oft in heitere Ironie verfallend, eine Koryphäe als Facharzt für innere Medizin, Direktor der auf den Namen der geliebten Kaiserin getauften Privatklinik, des Elisabethinums, Jagdliebhaber und mit besten privaten und beruflichen Verbindungen zum Hof, Vater eines allerseits als zuvorkommender, fachkundiger und dabei äußerst eleganter Kollege geschätzten fünfundzwanzigjährigen Sohnes; ein Protagonist also, der wie Hiob nicht anders als »lächelnd« die Szene betritt. Eine Szene freilich, die vor seinem ersten Erscheinen bereits irritiert hat trotz all der Routine und Alltäglichkeit des Kliniklebens. Wir kennen schon den zu einem Krankenzimmer führenden Vorraum, vollgepfropft mit Akten, wohl allesamt Krankengeschichten.

V. Krankengeschichten

In jeder Mappe eine Krankengeschichte. Irgendwo, über der Etagere, prunkt eine verblaßte Photographie des Professorenkollegiums, ein – wie sich bald herausstellen wird – längst anachrononistisches Portrait vergangener Verbundenheit. Nebenan, im Moribundenzimmer, liegt »die Sepsis«, deren erbarmungswürdiger Zustand später den Stein ins Rollen und die Motorik des Stückes in Gang setzen wird. »Die Sepsis«, um das hier kurz aufzunehmen, wird sie allenthalben und routinemäßig genannt, weil es üblich ist, die Patienten mit dem Namen ihrer Krankheiten zu bezeichnen, demgemäß aus Personen Fälle zu machen. Nebenbei: Erst mitten im dritten Akt, wo unter dem Portrait Sissis die Kollegiumssitzung abgehalten wird, an deren Ende Bernhardi seine Direktorenstelle niederlegt, erfahren wir den richtigen Namen der »Sepsis« bezeichnenderweise aus einem reaktionären Abendblatt und lernen, daß die an den Folgen eines mit unreinen Instrumenten durchgeführten Schwangerschaftsabbruchs verschiedene »Sepsis« in Wirklichkeit Philomena Beier hieß.

Der Kampf um die Macht zeugt von der unangefochtenen Geltung der patriarchalischen Ordnung. Signifikant das Fehlen der Frauen im geschlossenen System der Kampagne. Nur am Rande treten sie auf oder werden erwähnt. Mit Schwester Ludmilla freilich beginnt das Stück. Schnitzlers Charakteristik läßt vorab keinen Zweifel daran, daß der unsicher auftretenden Achtundzwanzigjährigen keine abendfüllende Rolle zugedacht ist.

»Wirklich hübsch, blaß, mit großen, manchmal schwimmenden Augen«: So wird sie beschrieben. Die sterbende Kranke im Raum nebenan, eine junge Frau, die die schlimmste der Konsequenzen einer süßen-Mädel-Karriere auf sich zu nehmen hat, tritt so wenig auf den Plan wie die das allgemeine Stimmungsklima seismographisch vermittelnde, fortwährend erwähnte Gönnerin des Klinikums, die Kuratoriumspräsidentin Fürstin Stixenstein. Bernhardi tituliert sie als »durchlauchtigste Gans«; dies im gezielt mit der Angabe »ruhig« vorgetragenen Tonfall. Eine strategisch ausgelöste Provokation des adelsversessenen Professor Filitz, der prompt darauf den Raum verläßt. Ein weiterer Indikator für das augenfällige, in den Inszenierungen meist übersehene Bestreben des Helden, das über ihn hereinbrechende Gericht selbst heraufzubeschwören.

Denn um ein dem Gerücht auf dem Fuße folgendes Gericht geht es ohne Zweifel. Ein Gerichtsprozeß, der mit dem Wissen um die Allgegenwart des antisemitischen Ressentiments den Antisemitismus zum Vehikel eines internen Machtkampfes macht; eines internen Machtkampfes, der gleichwohl als Spiegel des Ganzen zu sehen ist. Wie das Klinikum befindet sich auch das Abgeordneten- und Rathaus, ferner die Zeitungsredaktionen in der Hand jener Karrieristen, deren Schmiß nicht nur ihre eigene Physiognomie sondern – an der Gestalt des aufrückenden Kandidaten Hochroitzpointner wird es deutlich – auch die unmittelbar bevorstehende, säbelrasselnde Zukunft aufscheinen läßt. Auch diese Zukunft wird sich der gleichen idiosynkratischen Parameter bedienen. Der Fall Rathenau und die Dolchstoßlegende setzen die Kampagne, die mit Dreyfus begann, fort.

Was von nun an verhandelt wird, ist Männersache. Schnitzler, Meister sonst in der Zeichnung weiblicher Charaktere, leistet hier gezielten Verzicht. Seine Gestalten, die Ärzte des Klinikums, zu denen sich auch der ehemalige Mediziner Flint gesellt, entfalten jene nachgerade professionell arrogante Haltung der ärztlichen Zunft, das Herr-über-Leben-und-Tod-Syndrom, die Hybris des Eritis-sicut-deus, wenn man sich darüber unterhält, wie ein Fall hinüberexpediert wird. Davon ist auch Bernhardi nicht frei: Sprüche der Kennerschaft wie »sie ist verloren, aber sie glaubt sich genesen« oder die Pflicht »ein glückliches Sterben [zu] verschaffen«, künden davon. Der Machtkampf am Hause offenbart eine theokratische Revolte. Es geht um den Sturz des Gründers. Bernhardi, neben ihm Vizedirektor und Chirurg Ebenwald und Cyprian, Spezialist für Nervenkrankheiten, haben das Klinikum aufgebaut. Jetzt, unter den historischen Bedingungen des zur Konjunktur gelangten Ressentiments, scheint der Moment des Putsches so günstig wie nie zuvor. Der Pakt zerbricht, der eigene Machtanspruch wird reklamiert, die tiefe Verbindung des Titelhelden zur Äskulapbüste in seinem Arbeitszimmer ignoriert. Die Sache nimmt ihren typischen Verlauf. Analogien zum Auseinanderbrechen der Trias Freud, Jung und Adler sind verlockend, tun hier aber entscheidend nichts zur Sache.

VI. Das geschlossene System

Schnitzlers so offen und ohne Lösung ausgehendes Werk ist ein großangelegter dramatischer Versuch über das Phänomen des Rufmordes. Gezeigt wird, wie zunächst im geschlossenen System der Klinik, hernach im nicht minder hermetisch strukturierten Raum der öffentlichen Meinung und schließlich im gänzlich ausweglosen Räderwerk von Staat und Justiz der Versuch unternommen wird, ein Individuum zu vernichten. Genau das nimmt das Bild von dem Scheiterhaufen auf, die Erinnerung an die Autodafés und Hexenjagden, die Formen der religiösen Inquisition, die nunmehr von den säkularen Institutionen übernommen worden sind. Arthur Millers zweiaktiges Schauspiel *Hexenjagd* griff 40 Jahre später eben diese Transformation in der Analogie von puritanischer Gnadenlosigkeit und McCarthys Kommunistenjagd erneut auf. Daß die Vernichtung des Individuums im speziellen Fall des Professor Bernhardi mißlingt, sagt nichts gegen die Hellsichtigkeit der von Schnitzler verwendeten Flammenmetaphorik. Kein einziges Mal gerät der Professor außer Kontrolle; wir erleben ihn niemals als Verzweifelten und noch am Schluß, als er sich in bewußter Ablehnung einer öffentlichen Wiederherstellung seiner Reputation dazu entschließt – noch kann man das –, der Gesellschaft den Rücken zu kehren, dem Lärm zu entfliehen, um vielleicht eine neue, stille Existenz zu beginnen als philosophischer Autor, dem die Gräßlichkeiten der Wirklichkeit in der Fernperspektive entschwinden: »Das Problem war nicht mehr österreichische Politik oder Politik überhaupt, sondern es handelte sich plötzlich um allgemein ethische Dinge, um Verantwortung und Offenbarung, und im letzten Sinn um die Frage der Willensfreiheit.«

Den wenigsten Opfern eines systematisch durchgeführten Rufmordes ist eine solch sokratische Haltung am Ende beschieden, und es stellt sich unmittelbar die Vermutung ein, daß Vernichtung sich bei Schnitzlers Held offenbart als fatalistische Distanz vom Leben selbst. Auch das wird vom Hofrat Winkler reflektiert: »Ja, darauf läuft's am Ende immer hinaus, wenn man den Dingen auf den Grund geht. Aber 's ist besser, man bremst früher, sonst passiert's einem eines schönen Tags, daß man anfangt, alles zu verstehen und zu verzeihen ... und wenn man nicht mehr lieben und hassen darf – wo bleibt dann der Reiz des Lebens?«

Daß Bernhardi, zu Beginn des Stückes lächelnd, das Ende dieses Stückes wiederum mit einem ironischen Lächeln im Gesicht erleben darf trotz mehrwöchiger Gefängnishaft und trotz des Verlustes der von ihm selbst gegründeten Klinik, liegt daran, daß mit ihm nicht gelingt, was so oft das traurige Resultat des Rufmordes ist: die Übernahme des Blickes der anderen, des von der Majorität fixierten Zerrbildes durch das Objekt der Ausgrenzung selbst. Anders als Josef K. oder Joseph Süß Oppenheimer oder Max Frischs Andri beginnt er nicht, die sozialpathologische Disposition in seiner Physiognomie zu spiegeln, zu werden, wie er dieser gemäß sein soll. Darüber belehrt bereits ein Blick auf den signifikanten Wandel der Begrifflichkeiten, die in rhetorischer Überbietung aus einer – so Bernhardi selbst – »Geschichte« oder »Sache« zunächst »ein Fressen für gewisse Leute« (Prof. Löwenstein), dann einen »ganzen Vorfall in seiner schlichten und faktuösen Deutlichkeit« machen. Es folgt die Einschätzung als »spezieller Fall«. Schließlich wird nur noch von der »Affäre« gesprochen, ja es entsteht – so erkennt Bernhardi selbst – »eine politische Affäre aus meiner Angelegenheit«.

Die Meisterschaft von Schnitzlers Komödie zeigt sich nicht im Charakterportrait ihres Helden, dessen selbstgewisser Ausspruch »Es handelt sich nicht um mich« ihn resistent macht gegen die Ressentiments des Konkurrenzkampfes, des Reputationsneides, aber auch gegen die klerikalen, chauvinistischen, rassistischen und schlicht machtversessenen Idiosynkrasien.

Zur Erinnerung noch einmal die Konturen der Antihandlung dieses Stückes: Das Elisabethinum macht Vorbereitungen zu einem Ball, einem eleganten Karnevalsfest. Aus dem Gespräch zweier als Angestellte beschäftigter Randfiguren, die später ihren Chef verleumden werden, erfährt man einiges vom Betriebsklima und genaueres von der »Sepsis«: »Ja, Schwester«, sagt der so opportunistische wie hinterhältige Tiroler Medizinkandidat Hochroitzpointner zur Schwester Ludmilla, »da draußen in der Welt kommen allerlei Sachen vor«.

Daß damit nicht nur der verbotene Eingriff, sondern auch der allgemeine Zustand der Vorkriegsgesellschaft bezeichnet ist, erweist sich im Verlauf des ersten Aktes. Die Klinik gerät darin zur Versuchsanordnung, die unter den Bedingungen einer Weckglasatmosphäre das Modell eines systematischen Ausgrenzungsprozesses erstellt. Es brodelt längst unter der Oberfläche des eingeschliffenen Betriebes, der sich als private Gründung einstmals mutig gegen staatliche Restriktion durchgesetzt hat. Inzwischen herrschen Neid, Intrige, Gerücht und Ressentiment. Die jüdischen Ärzte, nicht eben die schlechtesten, werden nicht mehr nach ihrer Arbeit, sondern nach ihrer Herkunft behandelt. Zunächst noch unter vorgehaltener Hand, in Anspielungen oder als apart.

VII. Blickdramaturgie

Schnitzlers Blickdramaturgie, die Technik der unausgesprochenen Herstellung eines Einvernehmens, zielt ebenso hierauf. Blicke des Verstehens gibt es zwischen den antisemitischen Kräften mehrfach: »Blicke zwischen Hochroitzpointner und Ebenwald«, dem Hauptantagonisten Bernhardis, der zu dessen Nachfolger wird. »Kurzer Blick« zwischen dem beifallshaschenden Hautspezialisten Tugendvetter und Ebenwald, als es um Bernhardis Beziehungen zur Adelswelt geht oder auch ein »kaum merklicher Augenwink des Pfarrers« zur Schwester Ludmilla kurz vor seiner Konfrontation mit dem Direktor der Klinik.

Aus dieser Konfrontation erwächst die »Affäre Bernhardi«, die – worauf noch eingegangen wird – gewisse Ähnlichkeiten aufweist zu jener Affäre, die Schnitzlers Bekannten Theodor Herzl zur Abfassung seiner programmatischen Schrift motivierte: »Eine Art medizinischer Dreyfus«, so frotzelt der Unterrichtsminister Flint später, sei Bernhardi in den liberalen Blättern.

Der Konflikt zwischen dem Pfarrer, der der sich in Euphorie und Lebenszuversicht befindenden »Sepsis« die Sterbesakramente geben will, und dem Freigeist Bernhardi, der von seinem Hausrecht Gebrauch macht, der Sterbenden ihr letztes Glück nicht zerstören will und dem

Geistlichen den Eintritt verwehrt, muß angesichts der Zerstrittenheit des Hauses eskalieren und zur öffentlichen Affäre geraten.

Kurz vor dem Ende des ersten Aktes und nach diesem Geschehnis ist Bernhardi isoliert, steht zunächst vor der stummen Phalanx der anderen. Wiederum in der Dramaturgie des Blicks wird diese Kluft durch Schnitzler festgehalten. Die Zeugen des Vorfalls verharren – wie es heißt – »in einiger Verlegenheit«. Dann aber: »Bernhardi sieht sie der Reihe nach an.« Jeder weiß oder ahnt von nun an die Karriere des Geschehnisses und Hochroitzpointner begnügt sich schon jetzt nicht mehr mit dem Blick des stummen Einverständnisses. Stattdessen: »Der Herr Direktor. Na, lang' bleibt er's ja nimmer. Das bricht ihm den Kragen.«

Von nun an wird diese Garotte des Blickes zum organisierten Rufmord. Acht Tage später schon gärt der Fall durch die Gazetten, tritt die antisemitisch-klerikale Front auf den Plan, zieht sich das Kuratoriumspräsidium zurück, kommt es zur Parlamentsanfrage, zum Rücktritt, zum Justizfall, zur Inhaftierung. Bernhardi wird, sowohl aus der Perspektive der Feinde als auch der Freunde, zum ausschließlichen Objekt seines Falles.

VIII. Reaktionen

Die Reaktion auf Schnitzlers Stück präsentierte sich als Fortsetzung von dessen Thema auf dem nunmehr historisch-realen Parcours der ressentimentgeladenen öffentlichen Sphäre. Obwohl Schnitzler die Handlung vor der Jahrhundertwende hatte spielen lassen, konnte niemand den aktuellen Zündstoff eines Stoffes ignorieren, der zudem jenen nachgerade überzeitlichen Mechanismus der Verleumdung gestaltete, von dem ich anfangs gesprochen habe. Auf den Plan traten nun Zensurbehörden, Statthaltereien, Regierungsräte, Hofräte, Vizepräsidenten, das Abgeordnetenhaus und schließlich, Anfang 1913, das Innenministerium, das gegen die sozialdemokratische Forderung, dem Stück endlich die Aufführungsgenehmigung zu erteilen, das Verbot nur noch bestätigte. Was Schnitzler vierzehn Jahre zuvor an Georg Brandes geschrieben hatte (12. Januar 1899), galt ohne Einschränkung noch immer: »Lesen Sie manchmal Wiener Zeitungen, Parlaments- und Gemeinderatsberichte? Es ist staunenswert unter was für Schweinen wir hier leben; – und ich denke immer, selbst Antisemiten müßte es doch auffallen, daß der Antisemitismus – von allem andern abgesehen

– jedenfalls die sonderbare Kraft hat, die verlogensten Gemeinheiten der menschlichen Natur zu Tage zu fördern und sie aufs höchste auszubilden.«

Die Akte »Bernhardi«, die nach der sozialdemokratischen Interpellation im Abgeordnetenhaus angefertigt wurde, gab mit den Stichworten »Gesinnungslumperei« und »Cliquenwesen« jedenfalls genau das wieder, was nun in den Gazetten ausgetragen wurde. Konstanze Fliedel hat in ihrem Essay über Bernhardi »*Ich habe nur ein gutes Gedächtnis*« – *Der Professor und die Politik* (1998) ein treffendes Panorama der Kritik gegeben, die sich nun auch auf die Buchausgabe von Ende 1912 stürzen konnte.

Die Arbeiter-Zeitung wetterte gegen die »Verpfaffung der Krankenzimmer«, die jüdisch-nationale *Welt* gegen die Assimilation. Den liberalen Blättern, die den täglichen Antisemitismus vornehm zu verschweigen pflegten, war Bernhardis Judentum hingegen peinlich; die *Neue Freie Presse* fand es störend und »vielleicht gar nicht notwendig«. Solche Berührungsangst hatte natürlich Gründe, denn die klerikalen und völkisch-nationalen Zeitungen polemisierten aufs gehässigste gegen Schnitzlers »Judenschutzkomödie«. »Von derartigen Auswüchsen«, befand die christlich-soziale *Reichspost*, »muß die Bühne rein gehalten werden«, und *Der Sieg* beklagte die »Vernichtungsarbeit des internationalen Judentums« und zählte Schnitzler zu den Juden, die »das Burgtheater, das einst den Ruhm als erste deutsche Bühne genoß, profanieren«. Der Grillparzerpreis, für den Schnitzler Anfang 1914 (zum zweiten Mal) vorgesehen war, wurde nicht verliehen – weil zwei jüdische Preisrichter sich vor der Öffentlichkeit fürchteten.

Ludwig Börne sprach vom magischen Judenkreis, aus dem man nicht herauskommt. Strategien des Rufmordes hingegen können, in ihren unterschiedlichen Zusammenhängen, auch ohne das Stigma der Herkunft entwickelt werden. Philip Roths Protagonist Coleman, der – zum Judentum übergetreten – seine Herkunft als Abkömmling von Südstaatensklaven kaschiert, wird des Rassismus gegen Farbige bezichtigt. Die völlig unpolitische Katholikin Blum findet sich als Anarchistenbraut wieder und so fort. Alfred Deyfus aber wurde zum Fall nicht wegen seiner Arroganz, sondern wegen seines Judentums. Bernhardis Verhalten gegenüber dem Pfarrer Reder wird zur Affäre, weil Bernhardi Jude ist. Und schließlich: Keine einzige der so zahlreichen Kampagnen gegen Arthur Schnitzler selbst mochte auf den dezidierten Hinweis auf dessen Abstammung verzichten.

In *Professor Bernhardi* hat Schnitzler beides festgehalten. Aus der gleichsam als Phänomenologie des Rufmordes sich präsentierenden Ausgrenzungkampagne hat er eine Komödie gemacht. In der Tatsache der antisemitischen Ausrichtung dieser Technik aber erblickte er beizeiten die potentielle Ersetzung des Einzelfalles durch die kollektiv erlittene Katastrophe. Und genau dies meinte er im zitierten Brief an die Freundin, als er von der zu schreibenden Tragödie sprach, und genau das meinte er mit den wieder auflohenden österreichischen Scheiterhaufen.

DIESE ÜBERNATIONALE FREIHEIT

Betrachtung zu Stefan Zweig

Stefan Zweig war immer unterwegs, vielleicht immer auf der Flucht. Wir finden ihn im Ersten Weltkrieg als Pazifisten in der Schweiz. Sein gegen den Krieg gerichtetes Stück *Jeremias* offenbart programmatisch die unwiderlegbare Einheit von Ethik und Ästhetik: »Wer nicht einsteht mit dem Leben für sein Werk, des Rede ist Rauch.« Gegen die Gleisner, die Lockpfeifer des Krieges setzt er sich zur Wehr und erntet wie sein Protagonist die Wut der patriotischen Majorität: »Friß Dich satt an Deiner Galle und spei nicht auf unsere Freude.« Nach dem Krieg wird der Citoyen du monde zum ewig Heimatlosen. Für den Österreicher, Juden, Schriftsteller, Humanisten und Pazifisten beginnt nun der Prozeß der Loslösung von der gesicherten *Welt von Gestern*. Seine felsenfeste Überzeugung ist es, daß der Antisemitismus zu den großen Gewinnern des Völkermordens gehören wird, daß es für lange Zeit vorbei ist mit dem europäischen, allmenschlichen Lebensgefühl und daß eine über den Erdball sich erstreckende Atmosphäre der Verleumdung die Zukunft bestimmen wird.

Später, 1934, auf dem Salzburger Kapuzinerberg, hält Zweig es trotz seines Weltruhms nicht mehr aus, als die Weißstrümpfe ihm auf seinen alten Spazierwegen höhnisch und haßerfüllt nachglotzen. Er flüchtet nach England, dann in die Vereinigten Staaten und schließlich nach Brasilien. Dort, in dem Höhenkurort Petropolis, zwei Stunden von Rio – »ein kleiner Semmering, nur primitiver, so wie anno 1900 das Salzkammergut« –, geht ihm endgültig der Atem aus. Er sei für alles zu müde, es gebe ja doch keine Rückkehr mehr zu den Dingen von ehedem, ohne Überzeugung könne man auch als Dichter nicht mehr überzeugen und: »In einem gewissen Alter muß man zahlen für den Luxus, keine Kinder gehabt zu haben.« In *Amok*, einer seiner geglücktesten Novellen, hieß es: »Das einzige Menschenrecht, das einem bleibt, ist doch: zu krepieren wie man will.« Stefan und Lotte Zweig machten von diesem Recht Gebrauch. Nach dem peniblen Ordnen der Papiere, einem Bad und dem sorgfältigen Ankleiden schieden beide durch eine Überdosis Veronal aus dem Leben.

Zweigs Bilanz des Zeitalters, in dem er Millionen begeisterter Leser gefunden hatte, war bitter: »Das Leben unserer Generation ist besiegelt, wir haben keine Macht, den Gang der Ereignisse zu beeinflussen, und kein Recht, der nächsten Generation Ratschläge zu geben, nachdem wir in der unsern versagt haben.« Seine in Brasilien noch vollendete Autobiographie *Die Welt von Gestern*, in der er selbst eigentlich nur als Spiegel seiner bewunderten großen Freunde erscheint, gibt ein breit angelegtes al fresco dieser Generation, die im Schatten der Weltkriege – »Er ist durch all diese Zeit nicht mehr von mir gewichen, dieser Schatten« – versank. Zaghaft beschwört diese Metaphorik ein letztes Mal noch den Hauch eines eschatologischen *Vielleicht*: »Aber jeder Schatten ist im letzten doch auch Kind des Lichts.«

Zweig war für die Rolle des Repräsentanten weltbürgerlicher Humanität nicht geschaffen. Die skeptische Einsicht, daß die große Masse immer zu der Seite tendiert, wo die Schwerkraft der momentanen Macht liegt, desavouierte beständig sein Bedürfnis nach kosmopolitischer Versöhnung. Das im Stile des verehrten Walt Whitman zutage tretende Weltfreundschaftspathos, der unablässige Dithyrambus auf Toleranz, Liberalität, Demokratie und das Individuum ging von einem Menschen aus, der eine geradezu neurasthenische Scheu vor jeder Berührung mit der Außenwelt hatte. Seine allen Entscheidungen aus dem Weg gehende, antirevolutionäre Haltung, die er in dem autobiographischsten all seiner Geschichtsromane, im *Triumph und Tragik des Erasmus von Rotterdam*, selbstkritisch diagnostizierte, hatte ihr Fundament in seiner psychischen Konstitution: Melancholie, Überempfindlichkeit, Nervosität, panische Angst vor dem Altern, Ekel vor offiziellen Anlässen oder gar Ehrungen. Zweig wurde gerade im Exil zu einem Doppelgesicht gezwungen. Klaus Mann berichtet von einer Begegnung mit ihm in New York auf der Fifth Avenue. Starr und gramvoll mit blicklos finsteren Augen ging er allein über die Straße; und erst auf den munteren Zuruf »Wohin des Weges?« fuhr er zusammen, faßte sich und konnte wieder lächeln und plaudern wie eh und je: »Der weltmännisch gesittete und elegante, etwas zu glatte, etwas zu liebenswürdige *Homme des lettres* mit wienerisch-nasaler Stimme und von unzweifelhaft *eminent pazifistischer Gesinnung*.«

Geschichte war für Zweig, ganz im Tolstoi'schen Sinne, eine Kollektivleistung, ein Gegensatz zum brutalen Heroismus der traditionellen Historiographie. Sie war aber auch ein ungeheures Chaos des Weltgeschehens, dem weder mit der Hybris der geordneten Chronologie der

Ereignisse noch mit dem geschichtsphilosophischen Pathos von Fortschritt und Entwicklung beizukommen war. In den *Sternstunden der Menschheit* versuchte Zweig, das Ensemble unterschiedlichster Elemente, die zu einem Geschichtsereignis zusammendrängen, an den entscheidenden Wendepunkten mit der Vergangenheit deutlich zu machen: Der Eroberung von Byzanz, der Weltminute von Waterloo, Lenins Zugfahrt nach Rußland oder der Entdeckung Eldorados etwa. Die großen Romane über Magellan, Maria Stuart, Marie Antoinette präsentieren sich als extensive Variationen dieser Modelle. Die durch akribische Recherchen, Detailkenntnis und psychologische Hellsicht geprägten Versuche über die Geschichte gerieten bei allem Hang zum überflüssigen Ornament so anschaulich, daß es bis zum heutigen Tag dem Leser schwerfällt, ihrer Suggestionskraft zu widerstehen. Zweigs historische Romane aber sind mehr als bloße Recherchen im Fundus der Geschichte. Immer war ihm die evozierte Vergangenheit auch ein Medium zur Darstellung der Gegenwart. Sein *Joseph Fouché* ist hierfür ein überzeugendes Beispiel.

Die im Interesse der Politik geleistete Instrumentalisierung des Individuums geht nicht von den Moralfanatikern der Revolution (Robespierre), auch nicht von dem weltgeschichtlichen Imperator und Staatsmann im großen Stil (Napoleon) aus. Die staatsteleologische Verachtung des einzelnen Menschenlebens, mit der bürgerlichen Revolution anhebend und im bürgerlichen Überwachungsstaat endend, wird auf ihren Höhepunkt gebracht durch den Berufspolitiker, der das Prinzip der Bejahung des Bestehenden zum metaphysischen Weltgesetz avancieren läßt. Zweigs ehemaliger Priester, Polizeispitzel, Polizeipräsident, Kapitalist und Neuaristokrat Joseph Fouché ist – von Machiavellis Gnaden – der Prototyp der staatspragmatischen Indifferenz gegenüber dem Einzelnen und seinem Schicksal bis in unsere Gegenwart. Eine Parabel über die Unmöglichkeit einer wirklichen Brücke zwischen der Fatalité moderne, der politischen Macht, und der Verantwortungsethik. Im realen Leben entscheiden nicht die reinen Ideen der großen Gestalten, »sondern eine viel geringwertigere, aber geschicktere Gattung: die Hintergrundgestalten«.

In Zweigs psychologischen Novellen wird immer wieder von den Tragödien, die in die gesicherte und gebildete Welt des Bürgertums vor dem Ersten Weltkrieg hereinbrechen und damit die wirkliche, innere Porösität dieser dominierenden Gesellschaftsklasse offenlegen, erzählt. Um den Prozeß der Ausgrenzung aus einer geordneten, mit dem Firnis der Saturiertheit ausgestatteten Welt geht es bei fast allen Figuren; da sind die von einer plötzlichen Obsession Getroffenen, die Behinderten und Mißbrauchten, die Rasenden und die Verzauberten. Von den Höllenwegen eines verheirateten Homosexuellen zwischen Schatten und Licht, vom Genießen ohne Genuß, von würgender Scham und vom verdunkelten, in sich verborgenen Blick der Furcht vor der eigenen Leidenschaft berichtet die Novelle *Verwirrung der Gefühle* und bricht mit voller Absicht ein gesellschaftliches Tabu: »Wieviel Geheimes eine Ehe nach außen verbirgt.«

Zweig gibt ein Panorama der Erniedrigung, beschreibt die glitschigen Wege in die Nacht, die Indiskretionen parfümierter Friseurgehilfen ebenso wie die plumpe Zärtlichkeit tabakkauender Matrosen. In Freuds zustimmenden Anmerkungen zu dieser Novelle – »warum kann der Mann die physische Liebe des Mannes nicht annehmen, auch wenn er sich psychisch aufs Stärkste an ihn gebunden fühlt« – findet sich auch die treffendste Charakteristik des Dichters: » Sie sind vom Typus des Beobachters, Lauschers, wohlwollend und liebevoll nach dem Verständnis des unheimlich Großen ringend.«

Beobachtend, immer auf dem Grad von Sachkenntnis und Identifikation, sind auch die Essays Zweigs, die Versuche über Freud, Kleist, Balzac, Montaigne, über Mesmer, Casanova, Tolstoi und Stendhal. Inmitten dieser Essays finden sich, oft umrahmt von Abschweifungen, die in Zweigs einstiger Jugendstillyrik ihre Wurzeln haben, die geglücktesten Abbreviaturen. Beizeiten erkannte schon Hermann Bahr im zugespitzten Aperçu den Rang von Zweigs Essaykunst. Tatsächlich enthalten Sätze wie »Niemals hat Hölderlin die Welt sehen gelernt; er hat sie immer nur gedichtet« das so Spezifische wie Ganze eines unglücklichen Dichterlebens. Ebenso lakonisch präsentiert sich Zweigs Abgrenzung des philosophischen Freibeuters Nietzsche von der deutschen Systemphilosophie: »Immanuel Kant lebt mit der Erkenntnis wie mit einem ehelich angetrauten Weib.« Frappierend ist die Lebendigkeit der Zweig'schen Portraits. Er sah eben hierin, wie Knut Beck, der Herausgeber seiner Werke konstatierte, die entscheidende Aufgabe. »Zu verdeutlichen, welche Lust die Hingabe an eine künstlerische Idee bestimmt und welche Kraft sie begleitet.«

Das größte Argument gegen Zweig war immer dessen Erfolg, das Stigma jedes Bestsellerautors, die gemutmaßte Inkommensurabilität von Popularität und Qualität, von Auflagenstärke und ästhetischem Gehalt. Zu den Opfern solcher, in Deutschland gängiger, Verkennung gehören auch Feuchtwanger, Doderer, Perutz und Arnold Zweig. Ulrich Weinzierl hatte recht, als er schrieb, daß Zweig in Wirklichkeit zu den bestgehaßten Literaten der Epoche zählte. Karl Kraus, der vom »Erwerbszweig« sprach, eröffnete diesen Reigen. Mit Eifersucht betrachtete man die Tatsache, daß Zweig zu den meistgelesenen Autoren der Welt gehörte. Nicht einmal sein Freitod blieb ohne zynischen Kommentar. Thomas Mann etwa monierte die Unzulänglichkeit des Abschiedsbriefes von Petropolis und mutmaßte, ein Kenner des Metiers, geheime Gründe für die Tat: »Es muß wohl das liebe Geschlecht dahinterstecken, irgendein Skandal gedroht haben.« Offiziell war dann freilich die Rede von einer »schmerzlichen Lücke« in den Reihen der literarischen Emigranten. Überboten wurden solche Urteile nur von den doktrinären Literaturpolizisten der Gegenwart, die, völlig zu Unrecht, Zweig eine »Anbiederung an den Faschismus« unterstellten.

Stefan Zweigs Kampf für den europäischen Gedanken und gegen den nationalstaatlichen Dünkel, der ihn auch an dem »gefährlichen Traum eines Judenstaates mit Kanonen, Flaggen, Orden« zweifeln ließ, fußte auf einem uralten Kosmopolitismus: »Ich empfinde dankbar, daß es das Judentum ist, das mir diese übernationale Freiheit ermöglicht« und damit bewiesen hat, daß Gemeinschaft auch »durch das Wort und den Glauben« bestehen kann. Auf die Einlösung dieses Modells dringt sein Werk auch noch in der heutigen Welt. Notwendig bleibt Zweigs Rückkehr in unser Bewußtsein.

WOZU TREIBT DER MENSCH HISTORIE?

Geschichtlichkeit und Geschichtsroman bei Lion Feuchtwanger

Manchmal muß man sich von den Dingen entfernen, ein Meer dazwischenlegen, um die Dinge aus der Nähe zu sehen. Aus Märchen setzt sich die große Geschichte zusammen, vergiß das nicht.
Alejo Carpentier

I. Handeln und Betrachten

Marta Feuchtwanger berichtet in ihrem liebevollen Erinnerungsbuch *Nur eine Frau* von einer Italienreise, die das Ehepaar nach dem Erscheinen des Romans *Erfolg* mit dem neu erstandenen, schnittigen Buick antrat. Die Reise mußte wegen einer schweren Erkrankung ihrer Mutter verfrüht abgebrochen werden. Nach einem gerade noch glimpflich abgelaufenen Unfall in Norditalien konnte die Fahrt fortgesetzt werden. Marta Feuchtwanger notiert: »Wir konnten weiterfahren und erreichten allmählich den Brenner. Dort oben mußte ich während eines Schneegestöbers in der Nacht einen Reifen wechseln. Lion hielt die Taschenlampe, doch die versagte bald. Meine Finger waren schwarz, nicht nur vorn Schmutz, ich hatte sie in der Dunkelheit auch noch eingeklemmt. Als der Schaden behoben war, setzten wir unsere Reise mit Hindernissen fort.«

Zu den am Lebensende in *Das Haus der Desdemona* aufgeführten ästhetischen Berufen, »in denen sich Frauen groß betätigt haben« – Staatskunst, Epik, Musik, nicht aber Drama, Oratorium und Architektur –, hätte Feuchtwanger mithin bedenkenlos den der Automechanikerin hinzufügen können. Indessen ist vorliegender Versuch nicht an Feuchtwangers Frauenbild interessiert. Der Situation auf dem Brenner kann allegorische Bedeutung beigemessen werden. Die Distanzierung vom Handeln ist nicht vollständig. Der Dichter hält die Lampe, versucht also zu helfen, indem er den Handlungsort erhellt. Vielleicht hat die Lampe vor ihrem Versagen die ersten Handgriffe erleichtert und es kommt ihr somit eine mäeutische Funktion zu. Fest steht jedenfalls die Rollenzuweisung: hier der interessierte Betrachter und dort die handelnde Akteurin. Hinzu kommt als Nacht und Schneegestöber die bedrohliche Außenwelt. Endlich kann die Fahrt fortgesetzt werden. Der Akteurin kommt dies Verdienst zu. Vom illuminierenden Zuschauer kann bloß vermutet werden, daß er mitgeholfen hat.

In seinem Rückblick auf die Zeit der Lageraufenthalte im »unholden Frankreich«, *Der Teufel in Frankreich*, schrieb Feuchtwanger: »Ich bin kein aktiver Mensch, Geschäftigkeit, Betriebsamkeit, ohne die doch nun einmal Politik nicht zu denken ist, widert mich an! Was mir Freude macht, ist Betrachtung, Darstellung.« Eine Figur des Schriftstellers, der kunstsinnige König Philipp von Commagene, präzisiert lakonisch diese Haltung, während auf dem Fuchsberg von Antiochien im gleichnamigen Roman der falsche Nero, der Töpfer Terenz, ans Kreuz gehängt wird: »Tun ist gemein, nur Betrachten ist gut.«

Daß der Zuschauer die Handlung besser versteht als der Handelnde, war bereits in der Antike ein Gemeinplatz. Die kontemplative Lebensweise, die sich, mit Aristoteles, nicht um die »Erfüllung von Daseinsnotwendigkeiten« zu kümmern braucht, und die Perspektive des Zuschauers waren Bedingung der Möglichkeit der Erkenntnis des Wahren. »Theorie« leitet sich her von »theatai«, was Zuschauen heißt. Augustinus glaubte, daß die Liebe zur Wahrheit die heilige Muße (otium sanctum) sucht. Thomas von Aquin, dem aristotelischen Urteil verpflichtet, schrieb in *Summa Theologica*: »Dicendum est ego quod vita contemplativa simpliciter melior est quam activa.« In den folgenden Passagen setzt er noch hinzu, daß überdies die Wonne (delectatio) des beschaulichen Lebens größer sei als die des tätigen. Eine »Lust, die ich mit keiner anderen vertauschen möchte«, nannte in solcher Tradition Feuchtwanger die Arbeit des das Spiel der Welt betrachtenden Schriftstellers.

Gegen Moses Mendelssohns statische Auffassung, daß die Menschheit nie einige Schritte vorwärts getan hätte, ohne bald darauf wieder zurückzugleiten an den Ausgang, polemisierte Kant. Die menschliche Geschichte als »Trauerspiel« bezeichnend, das auf die Dauer zum »Possenspiel« wird, sprach er vom müde werdenden »Zuschauer«, der in den Akteuren »Narren« sieht. Solche Skepsis taucht auch bei Feuchtwanger auf, wenn er – Einstein zustimmend – die Geschehnisse im Universum überhaupt als »Hazardspiel« bezeichnet. Heines »Aristophanes des Himmels« steht dem gleichfalls nahe.

Feuchtwanger zitiert oft Goethes Satz: »Der Handelnde ist immer gewissenlos; es hat niemand Gewissen als der Betrachtende.« Ein im nämlichen Kontext auftauchender Satz – »Es ist nicht genug zu wissen, man muß auch anwenden« – ist weniger bei Feuchtwanger als bei dessen Freund Brecht bedeutsam geworden, der von der Gefahr sprach, in der jener umkommt, der sich nicht in sie begibt. Der ständig schimpfende Ingenieur Kaspar Pröckl in *Erfolg*, dessen Vorbild Brecht ist, debattiert ganz im Sinne dieser Divergenz mit dem Schriftsteller Jacques Tüverlin, einer autobiographische Gestalt. Feuchtwanger, wenngleich von der Notwendigkeit des Handelns überzeugt, dürfte seinen eigenen Standpunkt wohl am prägnantesten einer anderen Figur in den Mund gelegt haben. Der Rousseau-Freund Monsieur Gerber, darüber räsonierend, daß man »Menschlichkeit der Menschheit nicht ohne Blutvergießen beibringen« kann, sagt angesichts der Willkürakte des Revolutionstribunals aufatmend: »Wenigstens [...] verlangt man nicht, daß ich mitmache. Glücklich ist derjenige, der nicht gezwungen ist, zu handeln.« (*Narrenweisheit oder Tod und Verklärung des Jean-Jacques Rousseau*) Über Goya heißt es im gleichnamigen Roman zunächst: »Er hatte erfahren müssen: Wer versucht, sich der Welt aufzuzwingen, den haut das Schicksal auf den Kopf.« Der Goya aber, der den argen Weg der Erkenntnis gegangen ist, hat gelernt, »sich in die Welt zu fügen«, ohne sie anzuerkennen«. Primat wird also nicht die Tat als umgesetzte Erkenntnis, sondern deren Erweiterung zur kritisch negierenden Instanz. Der Schriftsteller Tüverlin verkündet demgemäß das ästhetische Programm Feuchtwangers. Abhebend von der elften Feuerbach-These und dem von Marx kritisierten zuschauerhaften Umgang mit einer unter die »Oberherrlichkeit des Geistes« gebrachten Geschichte, verkündet er dem reaktionären Politiker Klenk seine Auffassung der Welt: »Ich für meine Person glaube, das einzige Mittel, sie zu ändern, ist, sie zu erklären. Erklärt man sie plausibel, so ändert man sie auf stille Art, durch fortwirkende Vernunft. Sie mit Gewalt zu ändern, versuchen nur diejenigen, die sie nicht plausibel erklären können [...] Große Reiche vergehen, ein gutes Buch bleibt.« (*Erfolg*) Der Schriftsteller verändert die Welt nicht handelnd, sondern beschreibend. Aus dem kontemplativen Zuschauer ist also der Aufhellung bringende, engagierte Dichter geworden. Er ist nicht unbewegter, sondern bewegender Betrachter. Seine Lampe ist sein Werk.

Daß Versuche, außerhalb der Geschichte das Dasein eines unbeteiligten Zuschauers zu führen, letale Folgen zeitigen, beschreibt Feuchtwanger in einem Artikel über den expressionistischen Roman *Die drei Sprünge des Wang-lun*. Döblins Auseinandersetzung mit dem taoistischen Monismus ging von jener Lehre des Taoteking aus, nach der jeder Versuch, die Welt durch Handlungen zu erobern, mißlingt. »Schwach sein, ertragen, sich fügen hieße der reine Weg« und: »Stille sein, nicht widerstreben«. Dazwischen gibt es keine Vermittlung. Sprünge, nicht Synthese, führen von einer Daseinsform zur anderen. Feuchtwanger nennt es »die Tragik dieser östlichen Menschen« (*Ein Buch nur für meine Freunde*), daß sie um der Weisheit des Nichtwiderstrebens willen in den Tod getrieben werden. Die alte, von Epiktet vertretene Lehre, daß man, um Frieden zu haben, wollen soll, daß die Dinge so geschehen, wie sie geschehen, ist demnach unhaltbar. Sich vermöge interesseloser Kontemplation aus der Geschichte zu flüchten, mißlingt. Tragisch enden bei Feuchtwanger deshalb jene Gestalten, die aus der historischen Dynamik herausfallen.

II. Aus der Geschichte fallen

In seinem letzten vollendeten Roman greift Feuchtwanger auf jene siebenundvierzig Sätze des Alten Testaments zurück, welche vom fünften großen Richter in Israel, von Jefta, erzählen, dem Mann, der Jahwe aufgrund eines Gelübdes seinen liebsten Besitz, seine Tochter, zum Opfer brachte. Die Situation auf dem kahlen Bergesgipfel ist gleichnishaft: In der tragischen Verknüpfung von geschichtlicher Notwendigkeit und Preisgabe des einzigen Lebensglücks stehen sich Glaube und Ethik unversöhnlich gegenüber. Wenn, mit Kierkegaard, der tragische Held innerhalb des Ethischen bleibt, ja das Ethische geradezu als Versuchung zur Abkehr von Gottes Willen aufgefaßt werden kann, ist Jeftas Tat untragisch. Er löst das Gelübde ein. Die teleologische Suspension des Ethischen durch den Glauben evoziert nicht den Untergang des Menschen, sondern dessen Bewahrung in der absurden Ausübung der absoluten Pflicht gegen Gott. Indessen, so Kierkegaard in *Furcht und Zittern*: »Die absolute Pflicht kann also einen dahinbringen, das zu tun, was die Ethik untersagen würde, aber keineswegs kann sie den Glaubensritter dahin bringen, die Liebe fahren zu lassen.« Das jedoch macht Jeftas Situation tragisch. Jefta und seine Tochter bleiben allein. »Er sah ihre Augen, und sie sah seine Augen.« Jahwe sendet keinen Widder, vollbringt kein Wunder. Jeftas unendlicher Resignation folgt nicht die transzendente Bergung. Im Schmerz zerrinnt das Bewußtsein der providentiellen Notwendigkeit der Tat. Die von Jahwe autorisierte Heilsgeschichte schreitet nach erneuter Allmachtskundgabe weiter fort. Für Jefta könnte es mit den Worten des Psalmisten (69,10) heißen: »Der Eifer um dein Haus hat mich gefressen.« Übrig bleibt die Inkommensurabilität von historischem Ereignis und individueller Resignation. Der Höhepunkt der Kollektivgeschichte ist zugleich der Höchststand des Leidens des einzelnen. Allgemeines »Gloria in excelsis Deo« und singuläres »De profundis« sind unvermittelbar. Dem Jefta bleibt einzig die restlose Annihilatio des Selbst, kulminierend in vollständigem Vergessen. »Der Mann Jefta ist nicht mehr da«, befindet der Dichter über den Helden. »Der Hauch ist verweht, das Leben ist verweht, kein Öl, Wein und Gewürz kann es neu in ihn einströmen lassen. Es ist nicht der Mann Jefta, es ist der Ruhm des Jefta, der hier auf dem steinernen Stuhle sitzt.« In Jeftas eigenen, letzten Worten: »Ich weiß es nicht mehr.«

In der Schilderung von Jeftas Schicksal hat Feuchtwanger versucht, Geschichte in einer ins Typische erhöhten Figur zu verdichten, »die Wandlungen der Zeit in ihm allein darzustellen«. Als Gleichnis von politischer Revolte gegen eine veraltete Ordnung, eine veraltete Priesterreligion, als Gleichnis auch der Verknüpfung von persönlicher und gesellschaftlicher Entwicklung erfaßt der Autor den Lebensweg des Helden. Dessen tragischer Untergang jedoch ist nicht das Ende der Geschichte. Feuchtwanger läßt seine tragischen Figuren nicht vollständig in ihrer paradigmatischen Funktion aufgehen. Von einem bestimmten Zeitpunkt an bleiben individuelles Schicksal und geschichtlicher Prozeß nicht mehr komplementär. Die Figuren werden abgekoppelt oder koppeln sich selbst ab. Das gilt für alle Schaffensphasen Feuchtwangers.

Von der häßlichen Herzogin, Margarete Maultasch, heißt es am Schluß des gleichnamigen, ersten historischen Romans Feuchtwangers: »Sie ist jeder Bewegung abgestorben.« Die Geschichte, die Übereignung Tirols an die Habsburger, interessiert sie nicht mehr. Der Gedanke, daß »Geschichte der letzte Zweck allen Tuns ist und seine beste Basis«, verebbt zugunsten einer dem bloßen Moment verpflichteten, auf Essen und Trinken ausgerichteten Zufriedenheit. In deren Beschreibung läßt Feuchtwanger Epikurs harmonisierende Lust, seine *hedone*, aufscheinen, deren Metapher die kaum Bewegung zeitigende mittägliche Meeresstille ist. »Es war Mittag, sehr heiß, das Wasser lag blaß, weit, still.« Mit dem von Margarete begehrlich beschnupperten »Geruch gebratener Fische« endet der Roman. Vielleicht ist dies eine nochmalige, Margaretes Form der hedone ironisierende Anspielung auf Epikurs Bemerkung, daß nicht von leckeren Fischen, sondern vom klaren Denken Freude herrührt.

Josef Süß Oppenheimers »Vererbung in Nichtwollen und Verzicht« am Ende des Romans *Jud Süß*, sein Ausstieg aus der Geschichte der Macht und der Gewalt, als deren erbarmungsloser Vollstrecker er figuriert hatte, erscheint in der Schilderung der Gefängnishaft. Süß, den Kopf geruhsam und listig »wie ein alter Kaftanjude« hin und her wiegend, erkennt: »Mochten sie zupacken, mochten sie ihn fangen! Die Narren die! Sie wußten nicht, daß das gar nicht er selber war [...] Der wirkliche Süß [...], der war jenseits aller Lebenszappelei, den fing kein Herzog, kein Kaiser, kein Gericht.« Zum vollständigen Weltverlust Jeftas, der hedonistischen Teilnahmslosigkeit der Herzogin, der entsagenden Ataraxie Oppenheimers gesellt sich das einsame Sterben des Mannes Krüger im *De profundis* betitelten 32. Kapitel des vierten Buches von *Erfolg*. Kaum prägnanter ist die Diskrepanz zwischen dem desolaten Protagonisten und der Dynamik der Außenwelt zu gestalten. »Viele Leute dachten nach über Martin Krügers Schicksal, seine Geschichte und seine Meinungen, viel Papier und viele Drähte, die um den Erdball gingen, füllten sich mit Berichten, Vermutungen, Ansichten über ihn und sein weiteres Leben, während er erkaltend lag in der dunklen Zelle von Odelsberg, die Arme hilflos und ein wenig lächerlich nach vorn geschleudert, im Kot des umgestürzten Kübels.«

III. Geschichtlichkeit

Wer aus der Geschichte fällt, endet tragisch. Geschichtlichkeit ist als primäre Weise der Weltaneignung zugleich Selbstbehauptung. Die Frage, in welcher Form ein stärkeres Bewußtsein von Geschichtlichkeit erzeugt und gefördert werden könnte, führt Feuchtwanger zur erneuten Reflexion über das alte Thema des Prioritätenstreits zwischen Historiographie und Poetik, zwischen Klio und Kalliope. Feuchtwanger stellt seinen viel zitierten und diskutierten Satz »Klio ist eine Muse« (*Die Füchse im Weinberg*) in einen Zusammenhang mit dem aristotelischen Diktum, daß die Dichtung Geschichte deshalb besser darstelle als die Wissenschaft, da sie nicht das Besondere, sondern vielmehr das Allgemeine mitteilt. Die Dichtung frage nach der Wahrscheinlichkeit oder Notwendigkeit der Dinge und sei somit philosophischer und ernsthafter als die Geschichtsschreibung, ja dürfe deshalb sogar eine glaubwürdige Unmöglichkeit einer glaubhaften Möglichkeit vorziehen.
Da Mnemosyne die Mutter der Musen ist, gehören Kunst und Vergangenheitssuche schon genealogisch zusammen. Bei Hesiod verkünden

die Musen des Helikon, daß sie viele wahrheitsähnliche Lügen zu sagen hätten. Xenophanes sagt, daß – da allem Schein innewohnt – noch kein Mensch das Klare gesehen habe, weshalb nur »Wahrscheinlichkeit« gelten solle. Der Sänger der Ilias ruft die Musen an, denn: »Ihr seid Göttinnen, ihr seid dabei und habt alles gesehen und wisst alles, wir aber hören nur die Kunde und wissen nichts.« Kleos, die Kunde, kann nur dann zum lebendigen Gesang werden, wenn sie den Anschein des Selbsterfahrenen erweckt. Odysseus ist entzückt über den Sänger Demodokos: »So zum Erstaunen genau besingst du das Schicksal der Griechen, / Alles was sie getan und erduldet im mühsamen Kriegszug, / Gleich als hättest du selbst es gesehen oder gehöret.«

Der aristotelische Topos von der Dichtung, die durch Erfindungen veranschaulicht und durch das Beispielhafte die Wirklichkeit übertrifft, findet sich modifiziert auch in der Neuzeit wieder. Platons Polemik gegen die Nachahmer, die nur Trugbilder, nicht aber Wesenheiten darstellen und darüber hinaus mit ihren hohlen Schattenbildern noch Ordnung und Vernunft verderben, hat sein Fortleben nicht verhindern können. Selbst Kant weist in seinen Ausführungen über die vernünftigen Zwecke der Geschichte und die geplante Endabsicht der Natur darauf hin, daß als eine solche Geschichte »nur ein Roman zustande kommen« kann.

Um Konturen aus dem von Willkür, Zufälligkeit und Geschichtslosigkeit geprägten Labyrinth der Gegenwart zu gewinnen, um das Jetzt des erlebten Augenblicks weder einer unabwendbaren Moira noch der bloßen Kontingenz eines chaotischen Weltbetriebes preiszugeben, bedient sich Feuchtwanger des Kunstgriffs der historisierenden Distanzierung. Um »der besseren Perspektive willen, in der Überzeugung, daß man die Linien eines Gebirges aus der Entfernung besser erkennt als mitten im Gebirge« (*Ein Buch nur für meine Freunde*), erfaßt seine Konzeption des Geschichtsromans in der auf Sinnbildhaftigkeit ausgerichteten Funktion vergangener Geschehnisse deren aktuelle Bedeutung als »Gleichnis, um sich selber sein eigenes Lebensgefühl, seine eigene Zeit, sein Weltbild möglichst treu wiederzugeben«. Geschichtlichkeit erzeugt Selbstgewißheit.

Hinter dem zur historisierenden Ausstaffierung der Gegenwart nötigenden Impuls steckt also die uralte mythische List der Bannung des hereinstürzenden Unbekannten vermöge dessen Dechiffrierung als Altbekanntes. Deshalb zeigen die von Feuchtwanger geschilderten historischen Ereignisse ein letztendlich statisches Menschenbild. Feuchtwangers Vermutung, »doch immer nur ein Buch geschrieben zu haben: das Buch vom Menschen, gestellt zwischen Tun und Nichttun, zwischen Macht und Erkenntnis«, zielt auf eine Vermittlung von Bewegung und Verharrung. Goethes »Dauer im Wechsel«, Eleatisches und Heraklitisches zusammenziehend, taucht auch in Feuchtwangers Lebensrückblick auf. Es »ist trotz aller Veränderungen mein Wesen im Grunde das gleiche geblieben. Die Wellen sind immer andere, der Fluß ist der gleiche.« Dies gilt auch für das Werk. Die gleichen Menschen treten auf, doch an unterschiedlichen Stellen des großen Flusses, von dessen mutmaßlicher Mündung der alles andere als eschatologisch gestimmte Schriftsteller keine Kunde geben will. »Wir sehen nur das eine oder andre Glied der Kette, niemals übersehen wir die Kette ganz. Niemals gar erfahren wir etwas über ihren Anfang und ihr Ende.« (*Der Teufel in Frankreich*) Da sowohl ein absoluter Anfang als auch ein definitives Ende geschichtstranszendent von dem Moment an werden, an dem Geschichte nicht mehr als stetig fortschreitendes Kontinuum gesehen wird, ist vice versa auch in der Immanenz weltlichen Geschehens die genuine Beschaffenheit des Menschen zu allen Zeiten identisch. Aus der Geschichte werden bei Feuchtwanger wieder Geschichten, deren paradigmatische Beschaffenheit für Vergangenheit und Zukunft gleichermaßen gilt. Leopold von Ranke, der die Historiographie als Erfahrungswissenschaft von der Geschichtsteleologie hegelianischer Provenienz freizuhalten forderte, prägte die Formel, daß jede Epoche gleich unmittelbar zu Gott ist. Genau dies trifft für Feuchtwangers Geschichtsbegriff ebenfalls zu.

Die Historie hat die Funktion, dem Gefühl des aktuellen mysterium tremendum zu begegnen mit dem Verweis auf dessen Gewordenheit und deshalb auch Vergänglichkeit. Versteinert und undurchsichtig erscheinende Gegenwart aus der teleskopischen Perspektive zum transitorischen Moment zu machen, ist daher die Aufgabe des historischen Romans. Der Geschichtsroman ist darüberhinaus zu verstehen als Lösung der Antinomie zwischen wirklich erlebtem Geschehen und dessen zeitlicher Fixierung in einer erst nachträglich gesetzten kontinuierlichen Abfolge. Die Divergenz zwischen dem punktuellen Jetzt, in dem ein Geschehnis sich ereignet, d.h. erfahren wird, und seiner die Folgen überblickenden historischen Einordnung in eine Geschehnisabfolge ist nicht fortzuschaffen durch Anhäufung von Fakten. Das Exemplarische vergangener Vorgänge und Figuren liegt in der Vermittlung von vergangenem Erleben und dem schon in die archäologische Schichtung des Stoffes eindringenden Urteil des Autors. Dies aber führt wiederum zu dem Topos der stärker als die Geschichtsschreibung Authentizität verbürgenden Dichtkunst, der im 19. Jahrhundert eine Prägung erfuhr, die für Feuchtwanger bedeutsam werden sollte. Im *Heinrich von Ofterdingen* kritisiert der Graf von Hohenzollern die bis zum Überdruß weitschweifigen Historiker, die das eigentlich Wissenswürdigste vergessen. »Wir verlangen nach der Anschauung der großen einfachen Seele der Zeiterscheinungen«, formuliert er. Um deren Transparenz hervorzuzaubern, muß aus dem Historiographen ein Kunstfreund, ein wirklicher Musaget werden. Ganz im Sinne des aristotelischen Diktums heißt es: »Wenn ich das alles recht bedenke, so scheint es mir, als wenn ein Geschichtsschreiber notwendig auch ein Dichter sein müßte, denn nur die Dichter mögen sich auf jene Kunst, Begebenheiten schicklich zu verknüpfen, verstehen.« Den zentralen Begriff der Historismus-Kritik von Nietzsche bis zu Simmel vorwegnehmend, vermißt Novalis bei den braven Sammlern der Nachrichten das Gefühl für den geheimnisvollen »Geist des Lebens« das »mehr Wahrheit« präsentiert als die gelehrten Chroniken. In den Expektorationen der Dichter erst finden wir die Anschauung »der großen einfachen Seele der Zeiterscheinungen«. Die Objektivation der Vergangenheit vindiziert dementsprechend nicht Rekonstruktion der »zufälligen Existenz« äußerer Figuren als vielmehr Empfindungssinn. Sind die historisch-poetischen Figuren samt ihren Schicksalen auch erfunden, »so ist doch der Sinn, in dem sie erfunden sind, wahrhaft und natürlich«. Damit verlagert sich das Gewicht vom Objekt zum Subjekt. Intuition wird zum einzig möglichen Organon der Vergangenheitsanschauung. Da Intuition als Imaginationsweise eines beliebigen Subjekts dessen zeitgebundenen Wirklichkeitsbegriff impliziert, meint sie stets mehr sich selbst als das, was sie veranschaulichen soll.

Das aristotelische, auf Vervollständigung der Wirklichkeit abzielende Diktum über die Dichter hielt fest an deren Funktion als Nachahmer. Der Dichter solle möglichst wenig in eigener Person reden und möglichst wenig sich selbst meinen. Die intuitive romantische Aneignung von Vergangenheit setzt auf Begriffe wie »Möglichkeit« und »Wahrscheinlichkeit« nicht mehr zum Behuf größerer historischer Glaubwürdigkeit. Ihr geht es vielmehr um die Unterstreichung der Authentizität benötigenden Intuition des imaginierenden Subjekts. Auch dies hat für Feuchtwanger noch uneingeschränkte Geltung. Die Darstellung der Vergangenheit ist, so Feuchtwanger in *Das Haus der Desdemona*, »immer nur Mittel, das Erleben der eigenen Zeit«, mithin sich selbst auszudrücken. Dazu kommt die bei Novalis bereits erscheinende Frage des cui bono historisierender Weltsicht. Nietzsche versucht sie in seiner pragmatisch ausgerichteten Idealismus- und Historismus-Kritik zu beantworten. Bei Feuchtwanger werden sowohl die Intuition als auch das cui bono bedeutsam. Doch ebenso findet das bereits erwähnte statische Menschenbild Feuchtwangers seine Entsprechung im 19. Jahrhundert.

Auch für Schopenhauer ist die Dichtkunst ein auf Idealität angelegtes Korrektiv der Historiographie. Da »die Geschichtsmuse Klio mit der Lüge so durch und durch infiziert ist wie eine Gassenhure mit der Syphilis«, sei es Aufgabe der Dichtkunst, das in den mannigfaltigen geschichtlichen Konfigurationen enthaltene Identische aufzuspüren und zu veranschaulichen. Es bleiben die empirischen Notizen vom Benehmen der Menschen gegeneinander hinter der poetischen Erkundung zurück, die tiefe Blicke in das innere Wesen der Menschen wirft. Wiederum wird mit der aristotelischen Differenz zwischen Allgemeinem und Besonderem argumentiert. Geschichte und Poesie verhalten sich zueinander wie Porträtmalerei und Historienmalerei: »Jene gibt das im Einzelnen, diese das im Allgemeinen Wahre: Jene hat die Wahrheit der Erscheinung […], diese hat die Wahrheit der Idee, die in keiner einzelnen Erscheinung zu finden, dennoch aus allen spricht.« (*Die Welt als Wille und Vorstellung*)

Die Originalität Schopenhauers liegt in der von ihm gezogenen platonischen Konsequenz. Im Gegensatz zum Historiker, der die geschehenen Begebenheiten in Beziehung auf ihre Verknüpfungen und ihre Folgen, also in Relationsverhältnissen betrachtet, erfaßt der Dichter »außer aller Relation, außer aller Zeit, die adäquate Objektivität des Dings an sich auf ihrer höchsten Stufe«. Das ist ein paradoxes Fazit. Die poetisch-historische Aneignung der Vergangenheit soll die Aufgabe haben, das Ahistorische, die Wahrheit der Idee in den zurückliegenden Epochen zu beleuchten. Nicht um ästhetische Objektivierung einer historischen Situation mit unverwechselbaren, nur ihr eigenen Konturen, nicht um Vergegenständlichung des eigenen hic et nunc vermöge des Rückgriffs auf Geschichtsparadigmen und nicht um historisierende Verifikation der Intuition des Subjekts geht es Schopenhauer. Zweck der Bemühungen soll vielmehr die Herausschälung des identisch bleibenden »Kerns aller jener Schalen« sein, die als marginale historische Kostümierungen den Blick auf ihn verstellen. »Wer also die Menschheit, ihrem innern, in allen Erscheinungen und Entwicklungen identischem Wesen, ihrer Idee nach, erkennen will, dem werden die Werke der großen, unsterblichen Dichter ein viel treueres und deutlicheres Bild vorhalten, als die Historiker je vermögen.« Den Rang, den Platon im 10. Buch des *Staates* der Dichtkunst polemisch absprach, die nichts als die ungenügende Reproduktion des Abbildes der Ideen zu leisten vermag, wird von Schopenhauer erneut behauptet. Die Poesie zieht die irreduzible Idee aus den Erscheinungen hervor. Der historisierende Dichter präsentiert letztere lediglich als möglichst authentische Staffage des Immergleichen.

Auch dieses Modell findet sich bei Feuchtwanger, wenn er – geschichtsnotorische Wirklichkeit und höhere Wahrheit kontrastierend – in *Das Haus der Desdemona* schreibt: »Das innerste Wesen der Menschen bleibt unverändert Jahrtausende hindurch. Ohne die Erkenntnis dieser Tatsache entbehrte alle historische Dichtung der inneren Wahrheit, und das berechtigt den Autor, seine Menschen in jeder beliebigen Zeit anzusiedeln, ohne daß er gezwungen wäre, diese Zeit zu gestalten.« Substrat dieses »innersten Wesens« ist jener Immergleichheit und Dynamik umfassende, nicht mehr hinterfragbare Begriff, mit dem Feuchtwanger 1931 seinen resümierenden Kommentar zu *Erfolg* beschließt: »Das Leben? Der Mensch im Kampf gegen seine Bedürfnisse, Spielball des Zufalls, der ihm hilft oder etwas Unüberwindliches in den Weg wirft: Das ist das Leben!« (*Ein Buch nur für meine Freunde*)

Offenkundig ist, daß eine solche Lesart des Lebensbegriffes konträr zu jeglicher Geschichtsphilosophie steht. Weder dem positivistischen Ideal, das durch Faktenakkumulation zur Authentizität gelangen will, noch einem geschichtsphilosophischen Idealismus, der die Welt als geistiges Phänomen erfaßt, ist der historisierende Dichter verpflichtet. Die Erkenntnis, so Heidegger in *Nietzsche*, »daß der Augenblick nicht das flüchtige Jetzt ist, nicht der für einen Zuschauer nur vorbeihuschende Moment, sondern der Zusammenstoß von Zukunft und Vergangenheit«, soll nicht Vorüberlegung zu einer Theorie historischer Gesetze werden. Wird der historiologische Zugriff geschichtsphilosophisch, dann geht es ihm weder um Authentizität der Vergangenheit noch um deren gleichnishafte Bedeutung für das Jetzt. Feuchtwanger notiert: »Gefährlich sind diejenigen, die an die reinen Fakten glauben, gefährlich die Geschichtsphilosophen, die annehmen, es mit Fakten zu tun zu haben.« (*Das Haus der Desdemona*) Die Theorie der Geschichte ist sowenig Geschichte wie das romantische Beschwören des Mittelalters mittelalterlich ist. Feuchtwanger verweist anhand von Nietzsches zweiter unzeitgemäßer Betrachtung *Vom Nutzen und Nachteil der Historie* auf die für ihn selbst grundlegende Einheit von Geschichtsschreibung und Kunst. Bei Nietzsche heißt es: »Wenn wir nur dies gerade immer besser lernen, Historie zum Zweck des *Lebens* zu treiben!«, denn die im Dienste des Lebens stehende Historie wird nie »reine Wissenschaft, etwa wie die Mathematik es ist, werden können und sollen«.

Nietzsche sah in seiner Schrift sowohl einen kritischen Epilog auf die Geschichtsentwürfe der abgedankten großen idealistischen Konstruktionen als auch eine polemische Abrechnung mit dem wissenschaftsgeschichtlich auf den Höhepunkt gelangten Historismus. Er bestritt die Legitimität der teleologischen Systematisierung historischen Geschehens, die auf einem unabhängig von den subjektiven Aspirationen der Individuen bestehenden Endzweck rekurrierte. Unerheblich ist in diesem Zusammenhang, ob sie dabei von einer Naturabsicht (Kant) im widersinnigen Gang der menschlichen Dinge oder von der Voraussetzung ausging, daß die Weltgeschichte das in der Wissenschaft der Logik zu erkennende Bild und die Tat der Vernunft (Hegel) sei. Nietzsche bestritt ebenso den positivistisch verfahrenden Historismus, der reduktionistisch historische Daten als letzte Einheiten apostrophierte, über die hinauszugehen unzulässige Spekulation sei. Einziges normatives Kriterium zur Beurteilung der Historie wird das cui bono, deren Lebensdienlichkeit. Ein Übermaß an Historie, sagt Nietzsche, schade dem Leben. Die Geschichte, als reine Wissenschaft gedacht, die ein historisches Phänomen in ein Erkenntnisphänomen oder ein wertfreies Faktum verwandelt, »wäre eine Art von Lebens-Abschluß und Abrechnung für die Menschheit«. Demgegenüber setzt Nietzsche seinen Begriff von historischer Objektivität. »Es wäre eine Geschichtsschreibung zu denken, die keinen Tropfen der gemeinen empirischen Wahrheit in sich hat und doch im höchsten Grade auf das Prädikat der Objektivität Anspruch machen dürfte.« Organon jedoch von solcher Objektivität ist die ästhetische Wahrnehmungsweise, die eine »künstlerische Potenz, ein schaffendes Darüberschweben, ein liebendes Versenktsein in die empirischen Data, ein Weiterdichten an gegebenen Typen« ermöglicht. Historie also strebt »ad narrandum, non ad demonstrandum« (Benedetto Croce, *Ästhetik als Wissenschaft vom Ausdruck*) und soll als ästhetischer Bereich schlechthin die Antinomie von idealistischer Teleologie und geisteswissenschaftlichem Positivismus lösen. Die für das ästhetische Bewußtsein immer schon charakteristische, auf Simultaneität ausgerichtete Wahrnehmungsweise fordert die künstlerische Integration der Geschichte geradezu heraus. Benedetto Croces, von Feuchtwanger wiederholt erinnerte Einordnung der Geschichte unter den allgemeinen Begriff der Kunst, radikalisiert mit dem Terminus der »historischen Intuition« Nietzsches Ästhetisierung der Historie zum Zweck des Lebens. Diese, die Intuition des Novalis und Schopenhauers »Kern« stehen hinter Feuchtwanger fragmentarischer Theorie des historischen Romans. Bevor ich auf sie eingehe, möchte ich noch auf die Affinität von Nietzsches und Feuchtwangers Wahrheitsbegriff hinweisen.

IV. Wahrheit

Nicht die Wahrheit – nach Nietzsche ein denkökonomischer Begriff – sondern deren zweckdienliche Illusion vermittelt nach Feuchtwanger der Schriftsteller. Diese Bestimmung macht ihn nicht zum welt- sondern zum wertsetzenden Weltschöpfer, der einzig darüber entscheidet, was nicht wert ist zu vergehen. Werte setzen, heißt demnach nicht Wahrheit, sondern glaubwürdige Hypostasen zu setzen. Mit Nietzsche: »Also daß etwas für wahr gehalten werden *muß*, ist notwendig, – *nicht*, daß etwas *wahr* ist.« Lebensnützlichkeit statt Ding an sich, »Simplifikation zum *Zweck des Lebens*«, entscheidet über das Fortleben des vom Betrachter auserwählten Stoffes. Hier genau setzt Feuchtwanger an. Der Dichter entscheidet über das Fortleben der Dinge. Folgerichtig können der Selektionstheorie verpflichtete Kampfbegriffe damit ungehindert Eingang finden in einen Bereich, der einmal, mit Hegel, »den besten Lohn für die harte Arbeit im Wirklichen und sauren Mühen der Erkenntnis« ausmachen sollte. Klio ist die mit Zwang und Auswahl einherschreitende Unruhestifterin auf dem Parnaß. »Alle Schicksale waren berufen, mitzuwirken an der Höherführung der Art; aber auserlesen waren nur diejenigen, die andere zwangen, sie weiterzuleben, sie aufzubewahren für die Kommenden. Ob ein Schicksal für die Art fruchtbar wurde, hing nicht ab von seiner Größe und Bedeutung, auch nicht von seinem Träger, sondern von seinem Betrachter, seinem Dichter.« (*Erfolg*)
Die Tatsache, ob jenes »Schicksal« überhaupt je existiert hat, wird damit unwesentlich. Der Dichter kann Bilder entwerfen, die nicht Abbilder eines wirklich Seienden zu geben haben. Substrat des Bildes

ist dessen Tauglichkeit, nicht eine ihm vorausgegangene Wirklichkeit. Feuchtwanger verweist u. a. auf Wilhelm Tell, dessen Chronik sich immer verwandelt habe, »bis jetzt der skandinavische Halbgott als schweizerischer Nationalheld auf seinem Denkmalsockel in Altdorf steht«. Nicht Usurpation von wirklicher, sondern von möglicher Realität ist das Geschäft des Dichters. Der Demiurg aus Platons *Timaios*, der als Dolmetsch die Phänotypisierung des Urbildes leisten sollte, stand mitten in der Korrelation von Ur- und Abbild. Das Urbild war nicht modifizierbar. Das schattenhaft nachahmende Abbild erst stand als urbildnah oder urbildfern zur Debatte. Anders die wertesetzende demiurgische Konstruktion beim Schriftsteller. Dem Abbild braucht gar kein prädeterminierendes Urbild vorauszugehen. Der Autor setzt ein Bild in die Welt mit der Intention, daß dessen hartnäckige Dauerhaftigkeit einst den Eindruck eines Urbildes, eines Archetyps zeitigt. Die Wahrheit erscheint in der Wirkung oder vielmehr: Die Wahrheit ist die Wirkung. »Kam es darauf an, ob Jesus von Nazareth aktenmäßig gelebt hatte? Ein Bild von ihm existierte, das der Wirklichkeit einleuchtete. Durch dieses Bild war, nur durch dieses Bild, Wahrheit entstanden«, so Feuchtwanger in *Erfolg*.

Geschichte also ist Wirkungsgeschichte von Abbildern, die durch die Zeiten transportiert werden, immer wieder erneuten Anlaß zu Metamorphosen gebend. Der Dichter, der die Bilder nochmals erscheinen läßt, legt das cui bono seinem Schaffen zugrunde. Er transformiert die Bilder im Hinblick auf ihre Wirkung und tut dabei so, als ob es Urbilder wären. Das Alte wird immer wieder das Neue. Der sehr Nietzsche-nahen Auskunft aus Prediger 1, 9-10: »Was gewesen ist, das gleiche wird sein – und es geschieht nichts Neues unter der Sonne«, die Feuchtwanger dem *Falschen Nero* als Motto voranstellt, wäre folgende, gleichfalls sehr Nietzsche-nahe Äußerung des Senators Varro hinzuzusetzen: »Unterschätzen Sie nicht die Kraft des Gerüchts und der Legende. Legenden haben ihrer Natur nach einen höheren Kurs als die Wahrheit. Mit einiger Propaganda kann man jede Legende in Kurs setzen.« Feuchtwangers Werk versucht beide Aussagen zu vermitteln.

V. *Das Haus der Desdemona*

Prostatakrebs und ein davon herrührendes Nierenleiden prägen die
grausamen Lebensumstände, in denen Feuchtwanger noch im Frühjahr 1958 an seiner großangelegten Schrift über den historischen Roman
arbeitet. In der am 3. April notierten Inhaltsübersicht taucht als Abschluß des Buches folgender Arbeitstitel auf: »4. Teil (Schwierigkeiten
in unserer ungeschichtlichen Gegenwart): 1. Kapitel: Schwierigkeiten /
2. Kapitel: Das Gefühl der Geschichtlichkeit«. Dieser vierte Teil wurde
leider nie geschrieben. Von ihm wäre wohl eine genauere Diagnose des
von Marx bemerkten, für die Moderne charakteristischen Versinkens
in die Geschichtslosigkeit zu erwarten gewesen. Ferner vermute ich
den Plan einer Theorie sowohl der objektiven Notwendigkeit historisierender Wirklichkeitsaneignung als auch der subjektiven, gegenwarts-
übersteigenden Apperzeptionsweise. Nur so wäre m. E. ein »Gefühl
der Geschichtlichkeit« verstehbar, in welchem Vergangenheit als stets
in Gegenwart terminierende Zeitfolge erscheint. Feuchtwangers Zugriff ist dabei, wie gezeigt, zentriert auf die Objektivation eigenen Erlebens. Das den letzten Zweck historischer Dichtung unterstellende,
obligatorische Lob, »es sei dem Dichter geglückt, die von ihm darge-
stellte Epoche lebendig zu machen«, beruht auf einem Irrtum. »Echte
Dichter«, schreibt Feuchtwanger, haben mit dem Rückgriff auf die
Historie »immer nur Zeitgenössisches aussagen wollen, ihr Verhältnis
zur eigenen Zeit, ihr erlebtes Erkennen, wieviel von der Vergangenheit in der eigenen Zeit atmet«.Der Leser erfahre deshalb eigentlich
»mehr über den Dichter und dessen Zeit als über die Epoche, in der
die Dichtung spielt«. Mit dem Mittel der historischen Distanzierung
also soll der Leser motiviert werden »seine eigenen Erfahrungen zu
erleben [...], sich selber neu zu erkennen«. Geschichtlichkeit soll als
heuristisches Moment mithin auch ethische Modelle des Standhaltens
und des Überschreitens zeitigen. Heinrich Manns *Henri IV* hat das auf
die Formel gebracht: »Nous ferions mieux, si nous pouvions nous
regarder.« Ein geradezu autistischer Zugriff und der Anspruch auf allgemeine läuternde Wirkung des Romans verschränken sich bei
Feuchtwanger. Letzterem liegt die aufklärerische Forderung an Kunst
zugrunde. Zu fragen ist nach der Geschichte, die es möglich machte,
beide Ansprüche nebeneinander bestehen zu lassen.
Die Aufklärung war von der Unwandelbarkeit des menschlichen Wesens überzeugt. Geschichtlicher Wandel wurde als Wechsel der Ober-

fläche, als Kostümierung invarianter Grundkonstituenten aufgefaßt. Den Menschen als Produkt seiner eigenen Aktivitäten in der Geschichte zu verstehen und Geschichte wissenschaftlich, nach Maßgabe dieser Aktivitäten zu periodisieren, war ein Gedanke, der – von Condorcet zum systematischen Axiom erhoben – in der Hegel'schen Geschichtsphilosophie als Tätigkeit des Geistes zum Ausdruck gelangte. Die Notwendigkeit der Lösung des Problems der adäquaten Hermeneutik des Überlieferten indessen rief nicht nur die Historiographie und die Geschichtsphilosophie auf den Plan, sondern auch jene Theorien der ästhetischen Aneignung zurückliegenden Weltgeschehens, an welche die Repräsentanten des historischen Romans der Moderne anknüpfen konnten. Ausschlaggebend war für diese Theorien die Transformation der Historie in den Verständnishorizont der Gegenwart. Bei Walter Scott, in dessen *Ivanhoe* und *Waverley* Lukács und Feuchtwanger die klassische Form des historischen Romans sehen, hieß es: »It is true, that I neither can, nor do pretend, to the observation of complete accuracy, even in matters of outward costume, much less in the more important points of language and manners […] It is necessary, for exciting interest of any kind, that the subject assumed should be, as it were, translated into the manners, as well as the language, of the age we live in.« (*Ivanhoe*)

Das von Scott angesprochene Problem der Übersetzbarkeit ging von dem Anspruch aus, nicht durch Tatsachenanhäufung, sondern durch detaillierte Veranschaulichung die hinter den historischen Daten stehenden Ursachen in ihrer Verflechtung mit individuellen Schicksalen als Erlebniswirklichkeit zu entfalten. Daß der die psychologistische Auflösung von Totalitätsprätentionen betreibende moderne Roman die Kontaminierung von geschichtlicher und subjektiver Welt nicht mehr im Sinne abbildhafter Spiegelung von Ich und Welt gestaltet, sondern vielmehr deren Auseinanderfallen als Wirklichkeitsatomisierung und Identitätsverlust schildert, bedeutet für das Genre des historischen Romans eine entscheidende Zäsur. Von den Ansprüchen des 19. Jahrhunderts, das spezifische Kolorit vergangenen Seins mit dichterischen Mitteln zu vergegenständlichen (Scott), geschichtliche Momente als notwendige Etappen zur Gegenwart zu verstehen (Freytag) oder aus Ekel vor dem modernen Leben wie Flaubert die Flucht in die Wüste von Thebais anzutreten, verabschiedet sich der moderne historische Roman.

Alfred Döblins Diktum »Mit Historie will man etwas« thematisiert die Jetztbezogenheit des historisierenden Schriftstellers, der nach Sichtung des Materials der auserwählten Epoche plötzlich feststellt: »Und jetzt, wo alles anscheinend ›nur‹ verkörperlicht zu werden braucht, [...] verändern sich der Wallenstein und die andern. Sie sind durchaus nicht mehr die, an denen man sich festlas [...] Was ist das? Der Übergang einer Realität in eine andere. Der Übergang einer übernommenen Realität [...] in eine echte, nämlich ziel- und affektgeladene Realität. Der Eingang eines bloßen Stoffes in eine feste Form und zugleich seine spezifische Umwandlung. Das ist der eigentliche Augenblick des Romans.« (*Aufsätze zur Literatur*)

Hinter solcher Mitteilung des Schaffensprozesses steckt das Eingeständnis eines arbiträren Umganges des Autors mit dem Material. Der Autor offenbart seine eigene Anwesenheit in einem zeitlich entrückten Kontext. Er gibt hierdurch offen die Willkürlichkeit des Kunstwerkes zu und verzichtet darauf, den Vorurteilsbestand einer jeden Objektivierung zurückliegender Zeiten zu kaschieren. »Parteilichkeit des Tätigen«: Das ist »die leidenschaftliche Nähe des Autors zu seinem Stoff«.Die Auseinandersetzung mit diesem Stoff erscheint »*in den Figuren* und mit dem Handlungsablauf«. Der Autor »hat das Feuer einer heutigen Situation in die verschollene Zeit hineingetragen«.

An dieser Voraussetzung knüpft Feuchtwanger an. Die subalterne Placierung empirischen Materials verdankt sich der Inanspruchnahme der Geschichte als Artikulationsform des Dichters, der nichts anderes beabsichtigt, »als sein eigenes (zeitgenössisches) Lebensgefühl, sein subjektives (keineswegs historisierendes) Weltbild [...] auszudrücken«.

VI. Wahrscheinlichkeit

Zentralaussagen über Geschichte finden sich bei Feuchtwanger nicht. Geschichtsphilosophische Ambitionen im Roman zu entfalten, hieße, ihn einem ordo temporum zu unterstellen, der seine Struktur von der Gewißheit einer programmierten Zukunft enthält. Wenn Feuchtwanger Vergangenheit aus der historischen Distanz heraus gestaltet, so macht er die ihm bekannten Folgen jener Vergangenheit nicht zu integralen Bestandteilen der Romane im Sinne einer diese übersteigenden Teleologie. Daß der Spätere die Vergangenheit als geschichtliches Feld überblicken kann, braucht nicht zu heißen, daß er dem Früheren die Bürde der Zwischenzeit auflastet. »Wenn einer sich heute für einen Propheten ausgibt, halte ich ihn für einen Schwindler oder für einen

Narren«, sagte Justus von Tiberias im zweiten Teil der Josephus-Trilogie und wendet sich dabei gegen den Messianismus der Minäer. Der Historiker Flavius Josephus antwortet demgemäß mit dem Psalm: »Ich will nicht das Salz sein. / Ich kann nicht das Feuer sein. / Laß mich Regenbogen sein, Jahwe.« Das alttestamentarische Symbol des Regenbogens aber meint die Gegenwart der Verbindung von Himmel und Erde, es meint die authentische Bemühung um das Jetzt, nicht die Weltmission im Sinne Matthäi 5, 13 – »Ihr seid das Salz der Erde« – und nicht die Identität eines endzeitbezogenen Bewußtseins, das sich als fermentöses Organ des Geschichtsvollzuges versteht. Der Schriftsteller, so Feuchtwanger, erkennt zwar die Zukunft klarer als der Politiker, doch ist es nicht deren Gewißheit, sondern deren Wahrscheinlichkeit, von der er sich ein Bild entwirft. »Gewiß ist auch seine Wahrheit ein Gemenge aus den Fakten, der Umwelt, der Realität, und seinem eigenen, unbeständigen, gauklerischen Ich; aber diese seine subjektive Wahrheit darf er wenigstens rein ans Licht stellen, ja er darf eine gewisse Hoffnung hegen, daß sie allmählich zur absoluten Wahrheit wird, einfach durch ihre Dauer.«

Indem der Schriftsteller Subjektivität im künstlerischen Gebilde objektiviert, objektiviert er damit zugleich deren fließenden Charakter und reduziert darüberhinaus den Anspruch auf Verifikation seiner Anschauung durch den Geschichtsablauf. »Eine gewisse Hoffnung«: Das meint Wahrscheinlichkeit und nicht Gewißheit.

VII. Autismus

Das Sprüchlein, das Justus von Tiberias zur Melodie eines beliebten Gassenhauers kichernd vor sich hin singt, ist das offene Eingeständnis eines ästhetisierenden Autismus, den Feuchtwanger bereits bei Homer und Aischylos, bei den Autoren des Alten Testaments, den vier Evangelisten, bei Shakespeare und bei Tolstoi vermutet. »Dir erkennbar ist nur, was geeignet ist, / Dir jeweils zu bestätigen, / Daß du dich nach Lust betätigen / Und sein darfst, was du bist.« Die oftmals bis zur Borniertheit gehende, hedonistische Selbstbezogenheit des Schriftstellers taucht bei Feuchtwangers großen, mit autobiographischen Elementen ausstaffierten Künstlergestalten immer wieder auf. Jacques Tüverlin in *Erfolg*: »Ich lese meine Produkte mit innigem Vergnügen und finde sie ungewöhnlich gut.« Der Hofmaler Francisco Goya, Auszeichnungen und Popularität begehrend, soll in der Tradition der *Las Meniñas* im Bild von der königlichen Familie erscheinen, freilich nur im Schatten. Es heißt: »Er selber, Francisco, wird sich in den Schatten malen, aber er wird auch dann sehr sichtbar bleiben.« Nicht zu vergessen ist der Dichter und Waffenlieferant Pierre Caron de Beaumarchais, der die Erstaufführung seiner Komödie von der *Hochzeit des Figaro* besucht: »Es war Seligkeit gewesen, dieses Stück zu schreiben, Seligkeit, es aufzuführen.« (*Die Füchse im Weinberg*) Als er endlich den Erfolg seines Stückes im Jubel des Publikums verspürt, verdichtet sich aller Sinn seines Lebens. »Was in diesen Menschen schlief, ohne daß sie es hätten sagen oder denken können, das hatte er in Worte gefaßt, daß es ihnen jetzt entgegenklang, ihnen bewußt werde für immer.«

Verblüffend ist die Aufrichtigkeit solcher Eingeständnisse, die die Freude am Schaffen so hoch veranschlagen wie die Freude der Leser am fertiggestellten Werk. Erfolgsstreben und Kunst, diese beiden von den ästhetischen Theorien durchgängig als Antipoden aufgefaßten Größen, werden bei Feuchtwanger komplementär. Über sich selbst schreibt er in *Der Teufel in Frankreich* offen: »Ja, ich habe das außerordentliche Glück, Erfolg zu haben, wiewohl ich begabt bin.«

VIII. Teleskopische Perspektive

Anhand von Feuchtwangers *Erfolg* soll im Folgenden die Anwendung seiner Theorie des Geschichtsromans überprüft werden. Der Anspruch, Geschichte nach der Formel »Klio ist eine Muse« lebendig zu machen, Selbstdarstellung und Aufklärung, Lebensdienlichkeit und Bewahrung identischer Kategorien zu verquicken, legt die Fixierung auf einen Roman nahe, der versucht, aus der imaginierten teleskopischen Perspektive der Zukunft die beginnenden zwanziger Jahre des 20. Jahrhunderts zu sichten. Zeitgeschichte als Vergangenheit zu behandeln, bedeutet Gegenwart im Hinblick auf die Zukunft zu überschreiten. Im Vorwort für die italienische Ausgabe von *Erfolg* schreibt Feuchtwanger: »Daß ich Geschehnisse unserer Zeit so schildere, als betrachte ich sie aus dem Jahre 2000, hat man im Ausland kühn, in Deutschland frech gefunden. Mein Standpunkt ist aber, scheint mir, weder das eine noch das andere. Es ist einfach das mir gemäße Mittel, die Distanz herzustellen, die allein aus Realität Kunst macht.«

Feuchtwangers Verfahrensweise, solche teleskopische Distanz herzustellen, scheint mir auf drei Kunstgriffe zurückzuführen zu sein, die ineinander übergreifen: Simultaneität, Urbildzitat und Montagetechnik.

Hegel verwies auf das Recht des epischen Dichters, bei der Schilderung der Mannigfaltigkeit der Gegenstände beschreibend oder darstellend zu verweilen. In der epischen Weltkonstruktion hat das Moment des Episodischen eine originäre, mit der Gattung selbst zusammenfallende Legitimität. Das Recht des epischen Partikels, »sich fast bis zum Schein ungefesselter Selbständigkeit zu emanzipieren«, war nach Hegel jedoch keineswegs unlimitiert. Die Eigendynamik der Episoden sollte eingebettet bleiben in die beiden epischen »Hauptzeiten«. Autokratische Züge dürfen weder die besondere Handlung mit ihren Individuen noch der allgemeine Weltzustand, in welchem jenen die Geschehnisse zustoßen, hervorkehren. Gattungsspezifische conditio sine qua non blieb der einsichtige Konnex zwischen Atom und Kosmos, letzterer im griechischen Wirklichkeitsbegriff, nämlich als Bedingung der Strukturierungsmöglichkeit des Weltgeschehens, kurz: als Ordnung verstanden. Wenn Hegel sagt, daß sich die Episoden »in Betreff auf den Fortgang der Begebenheit, sei es auch als Hemmnis und unaufhaltsames Zwischenereignis, wirksam erweisen« müssen, so bedeutet dieses Diktum noch für jenes dann ein Jahrhundert später von Lukács formulierte Verdikt über die Illegitimität bloßer Simultaneität von Weltgeschehnissen in den modernen epischen Entwürfen das über Gattungstreue richtende Schibboleth. Die Theorie der Montage als Kunst wird von Lukács als »Kunstsurrogat«, als »historischer Feuilletonismus« und als »Gipfelpunkt der falschen Tendenzen des Naturalismus« bezeichnet. Dabei ist der Ursprung der dem Montageprinzip eigenen Simultantechnik weniger im Naturalismus als vielmehr im bürgerlichen Realismus aufzusuchen. Mit dem Kunstgriff der Wiederkehr identischer Figuren, auftretend in der vertikalen Episodik und in der horizontalen Simultaneität des Werkes, imaginierte Balzac eine Welt, in der Räumlichkeit und Zeitlichkeit nicht mehr der Linearität eines einzigen Geschehens zugeordnet waren. »Infinitis modis«, schrieb Hofmannsthal, sei die Balzac'sche Welt durch Auflösung starrer Körperlichkeit in »ein Nebeneinander von unzähligen Kraftzentren« in Bewegung. In der Technik der Herstellung von Gleichzeitigkeit divergenter Erzähleinheiten vermittels temporaler und lokaler Überschneidungen ist der Balzac der *comédie humaine* dem Montage-Prinzip so nahe wie der Naturalismus, der die Wirklichkeitsdarstellung zwar mit Techniken wie Nahblick und Sekundenstil bereicherte, der Imaginations- und Erfindungsfreiheit des Dichters, die bei Balzac sich zum geradezu hybriden Selbstverständnis erweitert hatten, jedoch die Legitimität absprach.

Die großen Montage-Romane von *Manhattan Transfer, Ulysses, Berlin Alexanderplatz, Erfolg* bis hin zum *Doktor Faustus* verzichten indessen keineswegs auf solche Freiheiten zugunsten eines Programms, in dem die Kunst nach Maßgabe ihrer Reproduktionsbedingungen und deren Handhabungen wieder zu Natur werden soll. Döblin, dessen innovatorische Erzähltechnik in der Verwendung von Simultaneität, monologue intérieur, Leitmotivik und Perspektivenwandel nahezu sämtliche modernen Stilmittel in Anspruch nimmt, postuliert 1929 geradezu antinaturalistisch: »Die Natur läßt sich weder in den Bauch kriechen noch hat sie Schleppenträger nötig.« (*Aufsätze zur Literatur*)

Die Montagetechnik ist kein Inhalt, sondern eine Form, die entsteht, weil die traditionellen Mittel zur Schilderung des modernen Daseins nicht mehr ausreichen. Auch Feuchtwangers historischer Roman *Erfolg* schafft Simultaneität durch Montagetechnik. Er verwendet dabei Methoden, die konträr zur geschichtsphilosophisch-finalistischen Theorie des historischen Romans stehen.

Für Lukács hat der historische Roman erstens die Aufgabe der erzählerischen Illuminierung jener individuellen Schicksale, in denen die epochale Daseinsproblematik des komplexen Gesellschaftszustandes einer Zeit als deren unmittelbarer Reflex im einzelnen Menschen erscheint. Zum zweiten muß sich dieser besondere Reflex aber stets als typische Reaktionsform präsentieren. Unmittelbarkeit und Typenhaftigkeit sollen zusammenfallen. Untypisch sind nach Lukács Aussagen über die Spezies Mensch, hinter denen ahistorische Vermutungen über deren Unwandelbarkeit stehen. Die »ewige Wiederkehr des Gleichen«, die Tüverlin am Ende von *Erfolg* in der Außenwelt wahrnimmt, steht hierzu in vollkommenem Widerspruch, den auch der »Haß«, der sich zur Erkenntnis der Wiederkehr gesellt, nicht löst. Haß ist keine geschichtsspezifische Größe. Wenn Heinrich Manns Henri IV die genuine Grundbeschaffenheit der Gattung darin sieht, daß sie »die düstere Gewalt« will, so bedeutet dies für Lukács (*Probleme des Realismus*) das Verdunsten der großen gesellschaftlichen Gegensätze »zu einer fast anthropologischen Abstraktion«, welche die Grablegung historischer Konkretheit befördert. Solchem Nexus von Typenhaftigkeit und Unmittelbarkeit gilt als falsch, was sich jenseits vom gesellschaftlichen Inhalt des dargestellten Schicksals, jenseits von »den großen typischen Fragen des Volkslebens« hartnäckig zu behaupten scheint. Symbole, Mythologeme, Archetypen oder archaische Erbschaften etwa, deren ethnische Allgegenwart nicht in das reduktionistische Schema passen, sind illegitim, obwohl doch Lukács' Paradebeispiel für richtigen modernen Realismus, der bürgerliche Romancier Thomas Mann, seit dem *Tod in Venedig* epische Totalität mit dem Kunstgriff der mythischen Identifikation, der Gleichzeitigkeit des Ungleichzeitigen und der Metempsychose herzustellen versucht hat. Lukács' Verdikt gilt deshalb auch für Feuchtwangers Werke, die sich entsprechender Kunstgriffe bedienen, insbesondere aber für *Erfolg.*

Die Geschichte des zu Unrecht wegen Meineides verurteilten Mannes Krüger überschneidet sich mit der Geschichte der politischen Reaktion in Bayern. *Das Buch Bayern oder Jahrmarkt der Gerechtigkeit,* heißt das Buch, das der Schriftsteller Tüverlin am Schluß des Romans schreibt. Seine Freundin Johanna Krain beendet den Film *Martin Krüger.* Beide Stränge, Landesgeschichte und individuelles Schicksal, werden unterbrochen durch zeitlich und räumlich weit über sie hinausweisende Montagepartikel. Mit einem Archetyp hebt der Roman an. Jakobs Söhne stehen ihrem Bruder Josef in Ägypten gegenüber, wohin sie ihn einst verkauft haben. Mit einer Lüge, einem Meineid haben sie den Vater getäuscht, der von dem schönen Erstgeborenen der Rahel noch immer wähnt, daß er von einem Löwen zerfleischt worden sei. Nach vielen Jahren erst, fast ist der Verrat schon vergessen, wird das Unrecht durch die Gerechtigkeit eingeholt. Der an einem der Patriarchen-Vergangenheit zugehörigen Gleichnis orientierte Zugriff auf die Gegenwart des Romans ist transparent. Wie Atropos, die Parze des Unabwendbaren, wird Gerechtigkeit einst das dem Mannes Krüger angetane Unrecht ins rechte Licht rücken. Das Montagepartikel drückt genau das Geflecht von Neid, Schuld, Meineid, Gefangenschaft und Vergeltung aus, welches die mit ihm anhebenden fünf Bücher des Romans großformatig erst entfalten sollen. Eines der Modelle Martin Krügers, der Kommunist Max Hoelz, der acht Jahre in deutschen Zuchthäusern verbracht hat, zitiert in seinem autobiographischen Bericht *Vom »Weißen Kreuz« zur roten Fahne* einen Auszug aus der Hausordnung einer Strafanstalt: »Die Strafe, die der menschliche Richter Dir zuerkannt, kommt von dem ewigen Richter, dessen Ordnung Du gestört und dessen Gebot Du übertreten.« Der Verstoß gegen die Obrigkeit, die nach Röm. 13 und Luther schon immer eine gottgewollte ist, läßt sich auch anders, im Münzer'schen Sinne nämlich, verstehen. Es könnte ja sein, daß eine gerechte, von Gott selbst angestrebte, menschliche Ordnung einst wieder eingesetzt wird. Der Verstoß gegen diese aber kann nur von jenen Herrschenden kommen, die sich in der

Gegenwart hybrid als Vollzugsorgane der göttlichen Gerechtigkeit aufspreizen. Auch das ist der Sinn des gleichnishaften Bildes *Josef und seine Brüder*, dessen Schöpfer in die Irrenanstalt gesteckt worden ist, wo er, nach seinen eigenen Worten, »in Ruhe die Urteilsverkündigung des Jüngsten Gerichts abwarten« kann.

An dem biblischen Montagepartikel zeigt sich aber im Hinblick auf die Erzähltechnik noch etwas anderes. In *Berlin Alexanderplatz* erscheinen, abgesehen von den leitmotivischen Hiob- und Isaak-Interpolationen, biblische Wendungen oft gänzlich unvermittelt als bloße Einschiebsel. In Blooms Rekapitulationen ist die Ineinssetzung von Gegenwartswelt und Pentateuch – »die Annonce des Alexander Keyes (Urim und Thummin)« (James Joyce, *Ulysses*) – zufälliges Moment im Assoziationsfluß. Dagegen lassen sich Feuchtwangers Montagepartikel stets mit den zentralen Themen des Romans vermitteln. Wie bei Thomas Mann kommt ihnen durchgängig leitmotivische Bedeutung zu.

Das Bild *Josef und seine Brüder* hat überdies einen Appellcharakter. Es evoziert die doppelte, sowohl auf Vergangenheit als auch auf Zukunft orientierte Bedeutung des Wortes »einst«. Es ist damit ein zeitenthobenes Gleichnis, dessen Inhalt davon erzählt, daß jede Schuld von ihren eigenen Folgen eingeholt und gerichtet wird. Dieser Bedeutungszusammenhang stellt sich bei jeder der häufigen Erwähnungen des Bildes im Roman erneut ein. Das Bild erfährt aber auch Transformationen. Am Beispiel der Inflation etwa variiert Feuchtwanger, die Zukunft hoffnungsvoll vorwegnehmend, das Modell. Tüverlin, auf seinem Spaziergang über die Auer Maidult, gerät an die Auslage einer Krambude. »Nebeneinander lagen feil Orden der Monarchie, Sowjetsterne, Hakenkreuze.« Die Embleme der Macht werden so wertlos wie die kurz zuvor erwähnten Milliardenscheine. Das die Mächtigen begünstigende ökonomische Gesetz führt schließlich zu deren eigenem Ruin. Die Schuld straft sich selbst.

Ein anderes, ebenso leitmotivisches und zeitenthobenes Montagepartikel ist der sterbende Stier, der vom Maler Greiderer besuchten, paradoxerweise vom Roten Kreuz veranstalteten Corrida. Der Stier hat beschlossen, entgegen seiner Bestimmung, ohne Kampf zu sterben. Gespickt mit bunten Spießen, tausende von Augen auf sich gerichtet, wartet er sehnsüchtig auf den Tod. »Eingesenkt fortan blieb dem Maler Greiderer das Bild des wahren Stieres, an die Palisade gedrückt, Wasser lassend, sich nicht mehr kümmernd um Menschen, Säbel, bunte Tücher, nur mehr begierig, im Schatten zu sterben.« Der sterbende Stier bezeichnet den peripetischen Punkt, an dem Macht und Ohnmacht sich Auge in Auge gegenüberstehen. Im *Goya* wird das Motiv des sterbenden Stieres nochmals aufgenommen. Dort heißt es: »Die Beschauer waren empört über die Feigheit des Stiers, der ihnen nicht das Schauspiel bot, auf das sie Anspruch hatten.«

Die Lust an der Qual kann sich darauf berufen, daß sie offiziell gedeckt ist. Der Tod in der eigens dafür geschaffenen Arena ist ein legitimes Schauspiel. Aus der Arena aber kann ein Staat werden, aus der festlichen Ausnahme die feste Regel. Rupert Kutzner, der Führer der Wahrhaft Deutschen, dessen Modell Hitler ist, verkündet, eine »internationale Verschwörung« von Juden und Sozialisten vorgaukelnd: »Wenn wir an der Macht wären, wir brauchten kein Ausnahmegesetz [...] Wir würden unsere Gegner legal hängen lassen.« Der sterbende Stier findet seine Entsprechung im Schicksal des sozialistischen jüdischen Anwalts Geyer. Nach der Hiobsbotschaft vom Tode seines unehelichen, nationalsozialistisch agitierenden, aber dennoch geliebten Sohnes, besinnt er sich zunächst auf die hebräischen Sterbegebete, »wie er sie von Kind her im Gedächtnis hatte«. Aber nicht, wie Jean Améry in *Bücher aus der Jugend unseres Jahrhunderts* vermutete, den Gott der Väter entdeckt Geyer. Jahwe ist nur ein Stadium auf dem Weg zur vollständigen Regression, der durch die Kindheit führt. »Dieses Ding Geyer hockte auf dem Stein«, heißt es aus der Perspektive seines Widersachers Klenk. Doch »der Blick in die Seele der nackten Gewalt«, der Geyer sonst beim Anblick Klenks erschüttert hat, stellt sich nicht mehr ein. Geyer fällt aus dem Spiel der Macht heraus wie der Stier aus der Rolle der bis zum Ende heroisch kämpfenden Kreatur. Geyer gehört zu den oben erwähnten tragischen Gestalten, die überhaupt aus der Geschichte fallen. In der Metaphorik des sterbenden Stiers hat Feuchtwanger wie beim Josefbild Geschichtlichkeit und Wiederkehr des Gleichen zusammengerückt, Zeitliches und Archetypisches zur Deckung gebracht. In der teleskopischen Perspektive rückt durch die Montagetechnik nicht nur das zeitlich, sondern auch das räumlich Auseinanderliegende zusammen. Die Montagetechnik leistet die Gleichzeitigkeit des Ungleichzeitigen ebenso wie die Vereinigung unterschiedlicher Orte. Eingesprengte Gleichnisse, wie jenes von der Polarfahrt, das den Titel des Romans thematisiert, oder die Beschreibung des Films *Panzerkreuzer Orlow* (Potemkin) stehen als von aller geschichtlichen Dynamik suspendierte Urbilder dem fluktuierenden Gegenwartsgeschehen gegenüber, haben aber gerade deshalb eine heuristische, dynamisierende Funktion.

Unter dem Stichwort »Gleichzeitigkeit« oder auch »Belichtung des gleichen Menschen oder des gleichen Ereignisses von verschiedenen Seiten her« hat Feuchtwanger selbst auf die Adaption filmischer Verfahrensweise für die epische Kunst hingewiesen. Wenn auch, Feuchtwanger widersprechend, nach *Ulysses* (1922) und *Manhattan Transfer* (1925) keineswegs mehr davon ausgegangen werden kann, daß solche Adaptionen »Mittel« gewesen seien, »die man bisher auf diesem Gebiete nicht verwandt hat«, ist die spezifische Ausformung dieser Mittel durchaus originell. Der Panzerkreuzer etwa macht als Sinnbild die Unhaltbarkeit und die Vergänglichkeit der gegenwärtigen Verhältnisse deutlich. Sogar der Reaktionär Klenk erkennt: »Es hat keinen Sinn, das zu verbieten. Es ist da, man atmet es ein mit jedem Atemzug, es ist in der Welt, es ist eine andere Welt, es ist Blödsinn, sie zu leugnen.« Darüber hinaus ist der wohl im Medium Film am stärksten sich manifestierende Identifikationswille des Zuschauers gestaltet. Die Distanz zu den gezeigten Geschehnissen wird immer geringer. Die Suggestionskraft des Films läßt den Betrachter zum Betrachteten, den Zuschauer zum revoltierenden Matrosen werden. Als die Meuterer den geladenen Rohren der Verfolger entgegenschwimmen, wünscht der sonst erbarmungslose bayerische Politiker »mit der wilden Kraft seines Herzens [...]: ›Schießt nicht‹«. Die einmontierte Beschreibung des Films, die, indem sie die Perspektive des atemlosen Zuschauers wiedergibt, selbst filmisch vorgeht, hat für einen Moment dem reaktionären Macht- und Erfolgsstreben Einhalt geboten. Schnell freilich renkt sich Klenks Gesicht nach der Vorführung wieder ein »in das alte, wilde, vergnügte, mit sich einverstandene«. Simultaneität wird bei Feuchtwanger auch durch die Erzählperspektive hergestellt. Die Personen werden aus deren eigener Sicht geschildert, emanzipieren sich nur selten vom Erzähler. Durchgängiges Präteritum und Verwendung der dritten Person werden durch Präsens und monologue intérieur-Annäherungen nur an Kulminationspunkten des Romans unterbrochen; etwa Krüger kurz vor seinem Tod: »Es ist nicht das Herz, es ist nicht das Herz, es ist nicht das Herz. Ich will nicht, daß es das Herz ist.« Der Dichter, sonst als objektive Instanz mit den Stilmitteln der Ironie und der teleskopischen Distanz operierend, tritt hier genauso zurück wie bei der Beschreibung *eines* Ereignisses durch die Wiedergabe der Bewußtseinseindrücke verschiedener Subjekte. Die Intensivierung der Wirklichkeitsbeschreibung durch den Kunstgriff, dieses Ereignis aus der Perspektive des subjektiven Erlebens unterschiedlicher Personen zu gestalten, zeigt sich bei der Schilderung des mißglückten Putsches. Der Maxime verpflichtet, daß der »heutige Roman« sich daran wagt, »die endlose Vielfalt der Welt in ihrer Gleichzeitigkeit darzustellen« (*Ein Buch nur für meine Freunde*), erzählt Feuchtwanger dem Leser den Putsch und dessen Wirkung aus den Blickwinkeln des Staatskommissars Dr. Flaucher, des biederen Altmöbelhändlers Cajetan Lechner, des ehemaligen Justizministers Klenk und des Schriftstellers Tüverlin.

Ähnlich im ersten Kapitel des zweiten Buches *Ein Waggon in der Untergrundbahn*. Die Spätabendzeitungen berichten: »Attentat auf den Abgeordneten Geyer!« Ein ungeheures Spektrum von Reaktionsweisen tut sich auf. Die aneinander gepreßten, schimpfenden, sich entschuldigenden Menschen aus unterschiedlichsten Gesellschaftsschichten debattieren über den Fall des jüdischen Abgeordneten, den sie aus wiederum unterschiedlichen Zeitungen mit unterschiedlicher politischer Färbung zur Kenntnis genommen haben. Innerhalb von zwei Seiten erscheinen Idiosynkrasie, Duckmäusertum, Solidarität, Antisemitismus, Angst um Brauereiaktien, Marxismus, Nationalismus, Indifferenz und Inflationsfurcht. In der Gestalt einer »halbtauben, klapperigen Mutter«, die fragt, ob Geyer etwa der Minister ist, »der die Inflation gemacht hat«, kommt die allgemeine Konfusion zum Höhepunkt. Schließlich, beim Aussteigen, wird der Fall Geyer so schnell vergessen wie der Kinofilm: »Das heftige Geschrei des Zeitungsverkäufers: ›Attentat auf den Abgeordneten Geyer‹ klang als etwas Abgelebtes, Langweiliges in die Ohren der Eiligen.«

Die Vereinheitlichung der Orte wird wie die der Zeiten durch die teleskopische Perspektive und die Montage geleistet. Feuchtwanger häuft Fakten, Statistiken, repräsentative fiktive Lebensläufe, Zeitungsartikel, Bild- und Musikzitate aus unterschiedlichen Zeiten und Räumen, verdichtet sie und läßt dadurch den Hauptplatz der Handlung, das Land Bayern – »der eigentliche Held meines Romanes« (*Ein Buch nur für meine Freunde*) – zum Spiegel weltweiten Geschehens werden. Der bayrische genius loci und der weltumfassende genius saeculi koinzidieren. Der Zustand des Landes und dessen anachronistischer Charakter werden, dem Gegenstand wohl angemessen, meist derb satirisch ausgemalt. Oft erinnert Feuchtwangers Schilderung der »Urbewohner« von Deutschlands südlichstem Land an Swifts misanthropisch-karikierende Beschreibung der Königreiche Lapate, Balnibarbi oder Luggnagg. Die teleskopische Erzählperspektive wird, wie Reich-Ranicki in *Nachprüfung* festgestellt hat, nicht durchgehalten. Das war freilich auch nicht geplant. Wo der »Style indirect libre« die Erzählperspektive ausmacht, ist die teleskopische Distanz verabschiedet. Die Romanhandlung retardierend, kommt ihr vielmehr die Funktion eines Korrektivs zu. Mit ihrer Hilfe wird das Allgemeine im Besonderen, aber auch umgekehrt das Besondere im Allgemeinen aufgewiesen.

Zynisch etwa kann der Justizminister Klenk verkünden, daß in Bayern Kants Idee einer mit dem natürlichen Recht der Menschen zusammenstimmenden Konstitution als ewige Norm für alle bürgerliche Verfassung überhaupt keine Geltung besitzt. Die außerhalb zeitbedingter Verhältnisse stehende, Recht und Ethik umgreifende Gerechtigkeit soll der traditionellen bajuwarischen Kontaminierung von »Recht und Boden, Recht und Klima, Recht und Volk« nicht ernsthaft Paroli bieten können. Die Wiedereinsetzung eines volkstümlichen statt eines absoluten, normativen Rechts dekuvriert sich damit offen als gegen die emanzipatorischen bürgerlichen Errungenschaften gerichtete Praxis der Vorbereitung rassistisch-totalitaristischer Herrschaft. »Logik, Menschenrechte, Rechtseinheit, Demokratie, zwanzigstes Jahrhundert, europäische Gesichtspunkte: einen Schmarrn«, so kommt es aus den gepreßten Lippen des Justizministers. In seinem Antipoden, dem »rotblonden, dünnhäutigen« Rechtsanwalt Geyer, sieht Klenk die Inkarnation des kosmopolitischen Zersetzers aller Bodenständigkeit. Der ist »so ein Saujud«, gegen den man vorgehen müsse wie »der Tierarzt, der Maßnahmen gegen die Klauenseuche anordnet«. Solche, mit Begriffen wie »Kulturschande«, »Volksschädling« und »Sünde wider das Blut« operierenden Ausmerzungsprogramme stellt Feuchtwanger in einen globalen Kontext. Außer einem allemal schon vorhandenen Antisemitismus gab es ja in Deutschland noch immer die Angst vor der »gelben Gefahr«. Der Haß gegen die französische Rheinarmee richtete sich insbesondere gegen ihre schwarzen, senegalesischen Soldaten. *Geschändete deutsche Frauen. Wie die farbigen Franzosen in den besetzten Gebieten wüten*, so lautete eine vielgelesene Veröffentlichung aus dem Jahre 1921. Daß eine nach sozialdarwinistischen und reaktionären Prinzipien vorgehende Justiz aber das Bild der Welt überhaupt prägte, zeigen Feuchtwangers Verweise auf die »possenhaften Gerichtsverfahren« der rumänischen, ungarischen und bulgarischen Gerichtshöfe gegen Juden und Sozialisten, auf die Hungerstreiks irischer Nationalisten, auf die Lynchjustiz gegen Neger und die Hinrichtungen von italienisch-stämmigen Anarchisten in den Vereinigten Staaten von Amerika. Vermittels der teleskopischen Persepktive, die das räumlich Getrennte, das aber gleichzeitig stattfindet, als zusammenhängende, alle Grenzen überschreitende Katastrophe wahrnimmt, wird der Fall Krüger nicht entspezifiziert zum bloßen Indikatoren eines allgemeinen forensisch-politischen Schauspiels. Krügers Unglück verkleinert sich nicht durch die weltweite Unrechtspraxis der »weißhäutigen Menschen, die der Planet in jenen Jahren durch den Raum drehte«. Sein Charakter und sein Leben bleiben einzigartig und unaustauschbar. Aus der Perspektive des Sträflings geschilderte Erinnerungen, etwa das vor Jahren gehörte Knarren einer schadhaften Parkettfliese im Prado-Museum, markieren als Lebensmomente eines Individuums dessen Unverwechselbarkeit. Sein in der Verurteilung enthaltenes Schicksal aber macht Krüger zum Glied in der Kette allgemeinen menschenverachtenden Handelns. Krüger wird erst als Opfer zum typenhaften Repräsentanten. Zur »Kultur der Weißhäutigen«, schreibt Feuchtwanger, gehörte es, »Eigenschaften festzulegen, deren Besitz ihren Träger zum Angehörigen oder Gegner ihrer Gruppe machte«. Kurz vor seinem Tod schert der Sträfling Krüger in eine Halluzination aus der weißhäutigen Kultur aus. Schon sterbend projiziert er imaginäre Ziffern – die noch abzusitzenden Hafttage – in das Schattenfenster seiner Zelle: »Und schreibt und schreibt mit weißer Hand. Wieso: weißer Hand? Es heißt ganz anders.«

So schafft der teleskopische Blick die Einheit des Geschiedenen, ohne das Besondere in ihr untergehen zu lassen. Er tut damit genau das Umgekehrte von dem, das Feuchtwanger in der Rechtspraxis des Reichsjustizministers Heinrodt aufdeckt: »Er zog jeden Einzelfall ins Allgemeine, wo er sich rettungslos verflüchtigte.« Dies ist präzise der Punkt, in welchem Politik und Macht zusammenfallen. »Denn es kommt nicht aufs Rechthaben an im Einzelnen, sondern aufs Wirken im Großen«, sagt ein Unterrichtsminister in Schnitzlers *Professor Bernhardi*, und ein Generalmajor bei Arnold Zweig (*Der Streit um den Soldaten Grischa*) verkündet: »Der Staat schafft das Recht, der einzelne ist eine Laus.« Feuchtwangers historischer Roman kehrt dieses Verhältnis wieder um. Die teleskopische Perspektive bringt das zurück in die Erinnerung, was der herrschende Zeitgeist für immer auslöschen wollte. Nicht auf Geschichtsphilosophie, sondern auf die Hervorhebung von ethischen Modellen also will Klio, die Muse, bei Feuchtwanger hinaus. Weder Erlösungszuversicht noch kassandrahaften Fatalismus, sondern das Relief des in der Geschichte immer wiederkehrenden Aufbegehrens gegen versteinerte Verhältnisse gibt sein Werk.

VOM HÖLLENSABBAT DER WELTORDNUNG

Franz Werfel, Edgar Hilsenrath, Armin T. Wegner
und das armenische Leid

Das zurückliegende Säkulum war ein Zeitalter des Massenmords. Dieses Zeitalter, »das mit dem Beginn des zwanzigsten Jahrhunderts seinen Anfang nahm, erlebte einen Massenmord nach dem anderen, eine Heimsuchung von solcher Häufigkeit und insgesamt solcher Zerstörungswut, daß sich das genozidale Töten als ein Problem erweist, das schlimmer ist als Krieg.« Das ist das grausame, aber wahre Fazit, das Daniel Jonah Goldhagen 2010 gezogen hat. Die Zahl der Opfer dieser »Eliminierungen« lag je nach Schätzung zwischen 127 und 175 Millionen Menschen. Ein überwundenes Grauen? Keineswegs. Das 21. Jahrhundert scheint die Jahrtausendschwelle ohne jedes ethische Korrektiv überschritten zu haben. Dem Historiker ist zuzustimmen. »Aberhundert Millionen Menschen sind in Gefahr, einem Völkermord oder damit verwandten Gewalttaten zum Opfer zu fallen. Sie leben unter der Herrschaft politischer Regime, denen eine Tendenz zum Massenmord eigen war und ist.«

Vor 80 Jahren begann Franz Werfel sein Epos über den ersten, mit bürokratischer Pedanterie und Planung durchgeführten Völkermord des 20. Jahrhunderts. Daß er damit auch die Höllen der künftigen Vernichtungslager und Verschleppungen vorwegnahm, ahnte er damals wohl noch nicht. »Der Hitler-Spaß dauert a paar Wochen, und dann is' er vorbei«, prophezeite er am 6. Februar 1933 dem Schriftsteller Walter von Molo. Nur wenige Tage später aber hieß es in einem aus Santa Margherita Ligure geschriebenen Brief an die Eltern in Prag über die langsam zum Abschluß gelangende Arbeit am *Musa Dagh*: »Es wird vielleicht mein Hauptwerk sein. Ungeheure Verantwortung hängt daran. Durch die Ereignisse hat es eine symbolische Aktualität bekommen: Unterdrückung, Vernichtung von Minoritäten durch den Nationalismus.« Dennoch wird im gleichen Brief dieses Urteil wieder relativiert. »Wahrscheinlich wird aber gar nicht so viel geschehen (Ich lebe im Armenier-Schicksal, und da bekommt man andre Perspektiven). [...] Die Welt ist so schön und schert sich einen Dreck um die menschlichen Schweinereien.«

Diese ambivalenten Aussagen lassen keinen Zweifel: Franz Werfel gehörte zu all jenen Intellektuellen, die das Ausmaß der Katastrophe längst erkannt hatten, aber davor zurückschreckten, es sich einzugestehen. Erst nach dem Abschluß der »qualvollsten Arbeit meines Lebens« im November 1933, als seine Bücher längst schon auf den Scheiterhaufen der Nazis verbrannt waren, schien Werfel das richtige Augenmaß für die unmittelbare Gegenwart zurückzugewinnen. »Über Hitler steht ein günstiger Stern«, schrieb er seiner Frau Alma. Die unmittelbar folgende Zeit bereits brachte die Einrichtung von Konzentrationslagern, die Verschleppung von 150 000 Menschen, die Sondergerichte gegen Antifaschisten, den Boykott aller jüdischen Geschäfte, Zwangssterilisationen und Erbgesundheitsgerichte.

»Wird das größte Kalvariendrama der Geschichte einmal seinen Gestalter, den Künstler, den Dichter finden, der den Blick der Menschen für künftige Jahrhunderte bannt auf diese Zeit, den Wahnsinn, den Höllensabbat, den die Zufriedenen, Feigen und Dummen Weltordnung nennen?« So fragte im Jahre 1930 der Pazifist Heinrich Vierbücher in seiner Schrift *Armenien 1915*. Drei Jahre später, Ende November 1933, erschienen *Die 40 Tage des Musa Dagh* von Franz Werfel. Dieses Epos über die Rettung von fast 5 000 Armeniern ist das letzte Werk Werfels, das, für ganze zwei Monate, im nationalsozialistischen Deutschland noch bezogen werden konnte. Der Roman ist zunächst einmal ein akribisch recherchierter Bericht über den so gut wie aussichtslosen Widerstand von mehr als 4 000 Bewohnern einiger rund um den kilikischen »Mosesberg« entlang der syrischen Mittelmeerküste am Golf von Iskanderun gelegener armenischer Dörfer. Geführt wurde dieser Kampf gegen eine türkische Armee von 15 000 Mann, die unter der Führung eines deutschen Oberst stand. Nachdem die Armenier am 13. Juli 1915 den auf den Hungertod in der mesopotamischen Wüste hinauslaufenden Deportationsbefehl erhalten hatten, zogen sie, nur schlecht bewaffnet, auf das unwegsame Bergmassiv und hielten sich dort einige Wochen, bis sie von zwei französischen und einem britischen Dampfer gerettet wurden.

Dabei war es ein Werk gegen jede Art von Chauvinismus. »Du kannst es nicht leugnen«, sagt ein junger sympathischer Türke im Roman, »daß der Nationalismus, der heute bei uns herrscht, ein fremdes Gift ist, das aus Europa kam [...] Der Geist des Korans glich die irdischen Unterschiede des Blutes aus.« Das gilt auch für das Christentum. Jesus Christus gibt uns das ewige Beispiel, »wie der Gottmensch sich in menschliche Artung nur zu dem Zwecke kleidet, um sie zu überwinden«, sagt ein Priester. Die Reaktionen bleiben nicht aus. Von Werfels »staatsgegnerischer Gesinnung« und »undeutschem Pazifismus, der entehrt und entheroisiert«, ist die Rede. Die Armenier aber rühmen den Dichter, der das Nationalepos ihres Existenzkampfes geschrieben hat. Wie kommt Werfel auf Armenien?

Am 15. März 1921 wurde in Berlin der türkische Massenmörder Talaat Pascha, ehemaliger Großwesir und jungtürkischer Nationalistenführer, von einem armenischen Studenten namens Teilirian erschossen. Heinrich Vierbücher, ein Augenzeuge des Völkermordes an den Armeniern, schrieb nach dem baldigen und überraschenden Freispruch des Angeklagten, dessen Familie von türkischen Soldaten grausam zu Tode gequält worden war: »Dieses Urteil ist ein Ehrenblatt in der Geschichte der deutschen Justiz. Der paradoxe Satz, daß nicht der Mörder, sondern der Ermordete schuld sei, wurde hier verfochten und stand [...] hinter dem Freispruch.« Auch ein anderer Augenzeuge, der Dichter Armin T. Wegner, berichtet von dem Prozeß. Der ehemalige Sanitätsunterleutnant, der 1915 in der Türkei heimlich die Lager, die Kranken und die Leichen fotografiert hatte und von diesem Zeitpunkt an wie kaum ein anderer für die Sache der Armenier eintrat, bediente sich gleichfalls des Titels von Werfels soeben erschienenem Roman, um die Richtigkeit des Urteils zu unterstreichen: »Nie hat sich die Weisheit des morgenländischen Wortes tiefer bewahrheitet.« Für einen Moment sah es wirklich so aus, als ob nun endlich die Abrechnung über die eigene Verflochtenheit in den armenischen Genozid ans Tageslicht gebracht würde.

Verschleiert wurden zuvor die Tatsache der Mittäterschaft deutscher Militärs an Massakern und die Tatsache, daß die geraubten armenischen Glocken in den Öfen Krupps, deren Firmenvertretung in Konstantinopel direkt neben der deutschen Botschaft lag, zu Kanonen umgeschmolzen wurden. Tatsache ist, daß der Massenmörder Talaat Pascha von Kaiser Wilhelm mit dem höchsten preußischen Orden ausgezeichnet wurde. »Auch bezeichneten uns deutsche Offiziere häufig als christliche Juden, die dem türkischen Volk das Blut aussaugten«, erinnert sich ein Entkommener, der armenische Bischof Grigoris Palakjan, dessen 1922 in Wien erschienenes Buch *Das armenische Golgatha* Franz Werfel mit Sicherheit gekannt hat.

Im armenischen Kloster auf der venezianischen Insel San Lazzaro erfuhr Alfred Kerr von einem überlebenden Pater die Wahrheit: »daß deutsche Offiziere keineswegs nur zugeschaut, sondern tätig an den Schlächtereien mitgewirkt haben«. Bereits 1898, nachdem gerade 300 000 Armenier durch die Massaker des Sultans Abdul Hamid umgebracht worden waren, formulierte der protestantische Theologe und Politiker Friedrich Naumann: »Wir sehen die armenische Frage und den Armeniermord in erster Linie als eine innertürkische Angelegenheit an.« Als weit weniger innertürkisch aber galt bereits für Naumann der Bau der Bagdadbahn. Der schärfste Gegner des türkenfreundlichen Theologen, der evangelische Pfarrer Lepsius, spielt in Werfels Roman eine Schlüsselrolle.

Werfels Interesse am armenischen Schicksal wurde schon im Ersten Weltkrieg geweckt. Damals hatte man Tausende von türkischen Soldaten an die galizische Front geschickt. Dort sollten sie mit den deutschen und österreichischen Soldaten gegen die Russen kämpfen. Der im Roman genau porträtierte Kriegsminister Enver Pascha, hauptverantwortlich für die Vernichtung der Armenier, inspizierte damals unweit von Werfels Standort persönlich die Stellungen. Ende März 1917, nachdem Bagdad an die Briten gefallen war und die jungtürkischen Nationalisten an einen vorzeitigen Friedensschluß dachten, wurde der Verbrecher vom österreichischen Kaiserpaar in Baden bei Wien herzlich empfangen. Auch dem Verantwortlichen für die Massaker in Kilikien, wo Werfels Roman spielt, werden »großes Entgegenkommen« und »große Sympathie für unsere Monarchie« attestiert. Dieser Mann, Mustafa Kemal, genannt »Atatürk«, wird 1923 erster Präsident der türkischen Republik. In den expressionistischen Blättern *Die Aktion* und *Das Ziel*, in denen auch Werfel veröffentlichte, erschienen schon in den ersten Nachkriegsjahren Aufklärungsberichte von A. T. Wegner und Martin Niepage über den ungeheuerlichen Millionenmord. Bald darauf verbreitete sich die Nachricht. »Ich las damals in den großen Zeitungen davon und gab mir [...] das Versprechen, eines Tages einen geschichtlichen Roman über dieses Thema zu verfassen.«

Auf der zweiten orientalischen Reise in den ersten zwei Monaten des Jahres 1930 fällt die endgültige Entscheidung. Wie fast immer ist es ein Augenblickseindruck, der Werfel im Gedächtnis bleibt, sich dort ausbreitet und schließlich produktiv wirkt. Diesmal handelt es sich um einen Augenblick im wörtlichen Sinne. Ausgehungerte Kinder »mit bleichen El-Greco-Gesichtern und übergroßen dunklen Augen« fallen Werfel in einer Teppichweberei auf.

»Armenieraugen sind fast immer groß, schreckensgroß von tausendjährigen Schmerz-Gesichten«, heißt es später im Roman. Das seien Kinder der von den Türken erschlagenen Armenier, erklärt der Besitzer. »Wenn ich sie hier nicht beherberge, verhungern sie, und niemand kümmert sich darum.« Werfels Betroffenheit von diesem Bild hält an. Er beginnt in den nächsten Tagen, von einer leichten Malaria fiebernd, sich die ersten Notizen über die türkischen Greuel zu machen. In einer im Frühjahr 1933 in Breitenstein verfaßten Bemerkung zum Roman verweist er selbst auf das »Jammerbild« der verstümmelten und ausgehungerten Flüchtlingskinder als »entscheidenden Anstoß, das unfassbare Schicksal des armenischen Volkes dem Totenreich alles Geschehenen zu entreißen«.

Edgar Hilsenrath hat in seinem Armenierroman *Das Märchen vom letzten Gedanken* auf die Unfähigkeit der Historiker hingewiesen, dem Schmerz und dem Unglück des einzelnen Individuums gerecht zu werden. »In ihrer Fantasielosigkeit werden sie nach Zahlen suchen, um die Massen der Erschlagenen einzugrenzen – sie sozusagen zu erfassen –, und sie werden nach Wörtern suchen, um das große Massaker zu bezeichnen und es pedantisch einzuordnen. Sie wissen nicht, daß jeder Mensch einmalig ist und daß auch der Dorftrottel im Heimatdorf deines Vaters das Recht auf einen Namen hat. Sie werden das große Massaker Völkermord nennen oder Massenmord, und die Gelehrten unter ihnen werden sagen, es heiße Genozid. Irgendein Klugscheißer wird sagen, es heiße Armenozid, und der allerletzte Fachidiot wird in Wörterbüchern nachschlagen und schließlich behaupten, es heiße Holocaust.«

Die vierzig Tage des Musa Dagh war der erste Versuch in der Weltliteratur, die Wirklichkeit des organisierten Massenmordes der Moderne festzuhalten und damit der historiographischen Phraseologie über diesen pedantisch durchgeführten Mord das inkommensurable Leid der einzelnen Opfer entgegenzusetzen. Das Massaker an eineinhalb Millionen Armeniern, unter deutscher Mittäterschaft exekutiert, geschah in der Mitte des Kriegsjahres 1915 in Erzurum am westlichen Euphrat, in Bitliss östlich vom Van-See, in der Wüste von Der-es-Sor, in Trapezunt, Adana, in Aleppo, in Anatolien, Kilikien und in Syrien. Werfels Buch über den Massenmord an den Armeniern, das im Februar 1934 verboten wurde, löste eine Unzahl von nationalsozialistischen Haßtiraden aus. Allzu offensichtlich waren die Bezüge zwischen dem bürokratisch von den Jungtürken betriebenen Völkermord, »das allergrößte Verbrechen der bisherigen Weltgeschichte« (Werfel), und den immer offener zutage tretenden Deportations- und Vernichtungsabsichten der Führer des Dritten Reiches. Die noch in der heutigen Türkei unter dem Titel »Bevölkerungsumsiedlung« rubrizierte systematische Liquidierung einer ethnischen Gemeinschaft, hinter der – mit Werfels Worten – »nicht regellose Willkür und aufgepeitschter Blutrausch, sondern etwas weit Entsetzlicheres – Ordnung« stand, sollte zum Modell für die Judenvernichtung werden. Vor dem auf dem Obersalzberg versammelten Generalstab sanktionierte Adolf Hitler am 11. August 1939, zu einer Zeit, als die heimgekehrten Widerstandskämpfer des Musa Dagh zum zweiten Mal vertrieben wurden, die geplanten Verbrechen mit den Worten: »Wer redet denn heute noch von der Ausrottung der Armenier?«

Auch von türkischer Seite wurde Franz Werfel massiv angegriffen. Ein von ausländischen Mächten genährter Haß der Armenier habe die sich in einem Verzweiflungskampf befindende Türkei unterminiert, erklärte man. In einem Brief an den Dichter heißt es, die »Behandlung der armenischen Frage« sei nichts anderes gewesen als die »Endlösung einer Schicksalsfrage, deren Ausgang ein Minderheitsvolk mit so grausamen Mitteln zu erzwingen suchte, daß es selbst verblutete«. Die Verfilmung des Romans wurde immer wieder erfolgreich verhindert. Für die Armenier in aller Welt aber gilt Werfels Roman bis zum heutigen Tag als Nationalepos.

Im Roman wird gezeigt, wie ein Gemeinwesen, gleichsam ein Staat en miniature, mit den unterschiedlichsten Funktions- und Kompetenzzuweisungen entsteht und sich im Angesicht des Feindes formiert, ohne einen charismatischen politischen Führer, aber auch ohne eine welt- und lebensfeindliche Theokratie. Der weltliche Protagonist Gabriel Bagradian wird dort ebenso zum Glaubenskämpfer wie der gregorianische Hauptpriester Ter Haigasum zum Freiheitskämpfer. Werfel hat auch diese Zusammengehörigkeit von Glauben und Freiheitsbewußtsein mit dem Leitmotiv des Blickes zum Ausdruck gebracht. Einen »gemischten Ausdruck von scheuer Verlorenheit und entschlossenem Weltsinn« besitzen die Augen des Priesters.

Einzig die Geschichte des aus Frankreich heimgekehrten europäischen Helden Gabriel Bagradian übersteigt die deskriptiv-authentische Ebene des historischen Romans. An ihm wird ein Zentralproblem Werfels, die Dialektik von Assimilation und Selbstbehauptung, von Entfremdung und Zugehörigkeit, exemplifiziert. Die für den Freiheitskampf aufgegebene Heimat in Westeuropa wird durch die Rückkehr in die alte Heimat nicht ersetzt. Im Roman wird dieses Verhältnis geradezu proportional dargestellt. Je größer die Bedeutung des Heimkehrers als Führer des Widerstands wird, desto fremder wird er den Freiheits-kämpfern. Am Ende bleibt er, von den Kugeln der Türken durch-bohrt, allein auf dem Musa Dagh zurück.

Das dokumentarische Material, das Werfel durcharbeitete, um jedes winzige Detail historisch zu fundieren, war so umfangreich, daß hier nur die für ihn wohl wichtigsten Schriften erwähnt seien. In den 1920 erschienenen *Kriegserinnerungen eines Admirals*, geschrieben von Louis Dartige du Fournet, dem Flottillenkommandanten, der die Armenier vom Musa Dagh aufnahm und den Werfel später persön-lich kennenlernte, findet sich die genaue Beschreibung der Rettungs-aktion. Als unverzichtbare Dokumentation der Deportations- und Tötungsprozeduren der Jungtürken erwies sich die 1919 von Johannes Lepsius herausgegebene Sammlung diplomatischer Aktenstücke *Deutschland und Armenien*, die inzwischen neu aufgelegt wurde. Johannes Lepsius, Priester und Humanist, Dichter und Schriftsteller, versuchte die deutsche Öffentlichkeit über die Verbrechen zu unter-richten, flehte die türkischen Politiker um Überlebenschancen für die Armenier an und versuchte, als dies alles nichts fruchtete, wenigstens die Kinder der von ihm gegründeten Waisenhäuser vor der Deporta-tion zu retten. In einem der Mordbefehle des Innenministers Talaat Pascha – von ihm stammt der von Franz Werfel wiedergegebene Satz: »Das Ziel der Deportation ist das Nichts« – hieß es, daß man »dem Wunsche der Regierung« zuwiderhandle, »wenn man diese Kinder ernährt und ihr Leben verlängert«.

Pfarrer Lepsius ist der Held der Rahmenhandlung in Werfels Roman. Das Gespräch zwischen Lepsius und dem Kriegsminister Enver Pascha, dem blutrünstigsten Vertreter des jungtürkischen Komitees für Ein-heit und Fortschritt, gehört in seinem Gegensatz zwischen Moral und Politik zu den eindringlichsten Passagen des Romans. Werfels Lepsius sieht sich einem kraftstrotzenden Massenmörder gegenüber. Zwischen den Bildern Napoleons und Friedrichs des Großen hat er seine eigene vergrößerte Fotografie aufgehängt. Er gehört zu den »Heroen von 1,60 Körpermaß«, zu den »Gernegroßen« mit hohen Absätzen. Er verkörpert den modernen Typus des Machtmenschen, der in der Massenvernichtung zuerst ein technisches Problem erblickt. So ohne Vergleich ist diese neuartige Variante der Macht, daß Wut und Haß geradezu als anachronistische Reaktionsform verspürt werden.

»Lepsius sieht jetzt das arktische Antlitz eines Menschen, der alle Sentimentalität überwunden hat, das Antlitz des Menschen, der außerhalb der Schuld und ihrer Qualen steht, er sieht das hübsche Präzisionsgesicht einer ihm unbekannten, aber atemberaubenden Gattung, er sieht die unheimliche, ja fast unschuldige Naivität der vollkommenen Gottlosigkeit. Und welche Kraft besitzt sie, daß man sie nicht hassen kann!«

Die tiefsten Spuren in Werfels Roman aber hinterließen die Aufzeichnungen und Erzählungen des Dichters Armin T. Wegner, der im Schreckensjahr 1915 als Sanitätsunterleutnant in der Türkei zum Augenzeugen des Massakers geworden war. In dem gleich mehrfach erschienenen offenen Brief Wegners an den Präsidenten der Vereinigten Staaten aus dem Jahre 1919 über die Morde in Kilikien finden sich Passagen, die unzweifelhaft in *Die vierzig Tage des Musa Dagh* verarbeitet worden sind. »Reisende, welche die Straßen entlangfuhren, wandten entsetzt ihre Augen von diesen Wanderzügen teuflischer Grausamkeit ab, um in den Herbergen neugeborene Kinder in den Mist der Höfe gebettet zu finden, die Wege mit abgehackten Knabenhänden bedeckt, Händen, welche die Gemarterten, um Gnade bittend, flehentlich zu ihren Peinigern erhoben hatten. Flüchtlingszüge, die bei ihrem Aufbruch in der Heimat Hocharmeniens mehrere Tausend von Köpfen umfaßten, zählten bei ihrer Ankunft an den Stadtgrenzen Aleppos nur wenige hundert, während die Felder mit angeschwollenen oder schwarz gewordenen Leichen besät waren, welche die Luft verpesteten. Geschändet, nackt und ihrer Kleider beraubt, lagen sie umher oder trieben, Rücken an Rücken gefesselt, den Euphrat hinab, den Fischen zum Fraß.«

Auch aus Wegners 1922 veröffentlichter Erzählung *Der Sturm auf das Frauenbad*, einer nicht vollendeten Vorarbeit zu seinem geplanten großen Armenier-Epos, hat Werfel für seinen Roman Bilder und Motive entliehen: »Schlaft süß, meine Täubchen«, verhöhnt bei Wegner der türkische Soldat ein zusammengeschnürtes Liebespaar und bringt es gleich darauf mit seinem Degen um. Werfels Soldat sagt: »Aschanum, meine Seelchen«, vergewaltigt das Mädchen und bindet es dann nackt an die Leiche des Bräutigams.

Kurz nachdem Werfel mit der Arbeit an seinem epischen Riesenwerk begonnen hatte, erfuhr er von seinem Freund, dem katholischen Priester Georg Moenius, daß den Armeniern eine erneute Vernichtungsaktion drohte. Entsetzt erkannte er nun jene Ähnlichkeit zwischen

dem armenischen und dem jüdischen Leidensweg, den zur gleichen
Zeit der armenische Dichter Ossip Mandelstam in wenige Verse
faßte:

Geknebeltes Volk, das die Jahre
Als Werk von Jahrtausenden zählt.
Das kreißt und das schreit mit Beharren
Auf Freiheit, du bist auserwählt.

DIE COULEUR DER WELT

Über Werk und Leben von Bruno Schulz

Galizien: das nördliche Karpatenvorland zwischen oberer Weichsel und der Bukowina. Wie oft wechselten die Grenzen? Galizien, im 12. Jahrhundert zu Ungarn gehörig, im 13. und 14. Jahrhundert mit Polen vereint und während der Aufteilung Polens Ende des 18. Jahrhunderts dann Teil Österreichs durch Einverleibung, nach dem ersten Weltkrieg wieder polnisch, seit 1939 wiederum einverleibt, diesmal dem eisernen Griff der UdSSR in seinem östlichen Teil ausgeliefert. Polen, Ukrainer, Russen, Deutsche und Juden, welch letztere oft alle Sprachen beherrschten. Die jiddische Kultur des galizischen Schtetls brachte die vielleicht letzte große episch geschlossene Volksliteratur des Abendlandes zustande. Über jeden der Dichter dieser Literatur ließ sich reden, darunter Namen wie Scholem Alejchem, Jizchak Leib Perez, Scholem Asch und – gar mit dem Nobelpreis 1978 geehrt – der große Isaak Bashevis Singer.

Dann die deutsch Sprechenden, oft aus assimilatorischen Gründen von der Sprache, dem Kultus und der Identität im Kindes- und Jugendalter ferngehalten; Autoren wie Joseph Roth oder Karl Emil Franzos, Manès Sperber und Ernst Toller. Andere kamen aus dem Umkreis, wie Alfred Döblin, der 1924 zwei Monate durch Polen reiste, im Oktober erstmals nach einer Stadt nahe der Provinzhauptstadt Lemberg kam, genannt Drohobycz. Genau erhorcht er die Sprachenvielfalt in diesem Raum: »Juden gehen überall herum, europäisch gekleidet und ein fremdartiger Schlag, in schwarzem Kittel mit kolossalen, geringelten Schläfenlocken, das bärtige Gesicht selbstsicher vorgestreckt, das Kinn vorgeschoben, den Gürtel um den Leib.«

Dann die Polen, die Angestammten und Bodenständigen, oft »abweisend oder mißtrauisch, sich wehrend, rege, zum Leben erwacht«. Auch aus diesem größten Bevölkerungsteil erwächst unvergleichbare Literatur. Zbigniew Herbert kommt in Lemberg zur Welt, als Döblin sich die Stadt erobert. Drei Jahre zuvor wurde dort Stanislaw Lem geboren.

Schließlich die Ukrainer, die Döblin so charakterisiert: »Unsichtbar, lautlos hier und dort, zurückhaltend, jähzornig, gefährlich, trauernd, die Spannung von Verschwörern und Aufrührern um sich.« Döblin wundert sich über die fast einer Abweisung gleichkommenden Indifferenz der jüdischen Städter gegenüber der auf dem Lande gängigen Verkehrssprache: »Warum sprechen sie polnisch und nicht jiddisch? Warum wird die jüdische Zeitung polnisch geschrieben?« Man ist eben – so die Antwort – »sehr polnisch. Man hat von klein auf polnisch gelernt. An die kulturelle Bedeutung des Jiddisch glaubt man nicht. Das Hebräische wird nicht gesprochen. Darum ist die Sprache der jüdischen Intelligenz und gehobenen Schichten polnisch.«

Dies war so, obgleich die historische Wirklichkeit schon längst einen Bewußtseinswandel herbeigeführt hatte. Während des Ersten Weltkrieges hatten gerade die jüdischen Galizier zu leiden, deren Existenzgrundlagen oft vollständig zerstört worden waren. Fast eine halbe Million flüchtete nach Westen, nach Böhmen, Mähren, Ungarn und Wien zunächst, dann immer weiter nach Amsterdam und Berlin, nach Argentinien und – einen ganzen Stadtteil prägend – zur Lower East Side, ins gelobte Land, das nach der Menscheninspektion auf Ellis Island sich auftun sollte, sich aber dann oft genug als Steinwüste des neuen materiellen Elends entpuppte. Kein Gedanke bei den in der Heimat – ein poröser Terminus – Gebliebenen an Sicherheit oder gar Autonomie. Per kaiserlichem Handschreiben war bereits mitten im Weltkrieg dekretiert worden, daß die Juden nicht als Nation bestünden, sondern der polnischen Nationalität zuzurechnen seien. Dann, nach dem sogenannten Frieden von Brest-Litowsk, radikalisierte man die Unsicherheit noch, entwurzelte man systematisch, ließ dem Antisemitismus freie Bahn, froh darüber, daß es immer noch das traditionelle Schuldablagerungsreservoir, die Judenschaft, gab. Exzesse und Pogrome waren die Folge der Hungerkrawalle, die Ende 1918 ausbrachen. Nach der Gründung des neuen polnischen Staates kam dies keineswegs zum Stillstand, sondern nahm noch weiter zu. Der Zionismus Martin Bubers, Samuel Josef Agnons, Alexander Eliasbergs, Chaim Weizmanns, Arnold Zweigs und eben auch Alfred Döblins, bezog nicht zuletzt aus diesen Geschehnissen seine politische und kulturelle Legitimität.

1924, als Döblin Polen bereiste, veröffentlichte der aus »Schwaby« oder »Schwabendorf« – unweit Brody – stammende, von seiner Mutter von Kindheit auf mit der Sprache der deutschen Klassiker konfrontierte Joseph Roth seinen Essay *Juden auf Wanderschaft*. Der Ost-

jude, so Roth, sehe mit unstillbarer Sehnsucht immerfort nach dem Westen, einer Sehnsucht, die dieser Westen keineswegs verdiene. Der Ostjude ist nach Roth blind für die Vorzüge seiner Heimat, er sieht nicht die grenzenlose Weite des galizischen Horizonts, er erkennt noch weniger »die Güte des slawischen Menschen, dessen Roheit noch anständiger« sei »als die gezähmte Bestialität des Westeuropäers, der sich in Perversionen Luft« mache. Die Schönheit des Ostens könnten galizische Juden niemals empfinden, denn: »Der christliche Nachbar bedroht sie. Der Herr schlägt sie. Der Beamte läßt sie einsperren. Der Offizier schießt auf sie, ohne bestraft zu werden. Der Hund verbellt sie« usw. Die Konsequenz ist die Identität des fortwährend kollektiv erlebten Leidens, und damit die politische Entscheidung für eine zukunftsträchtigere Option als die der bedingungslosen Assimilation: »Der jüdisch-nationale Gedanke ist im Osten sehr lebendig. Sogar Menschen, die weder mit der Sprache noch mit der Kultur, noch mit der Religion ihrer Väter viel gemein haben, bekennen sich [...] zur ›jüdischen Nation‹. Sie leben als ›nationale Minderheit‹ im fremden Lande, um ihre staatsbürgerlichen und nationalen Rechte besorgt und kämpfend, teils der palästinensischen Zukunft entgegen, teils ohne den Wunsch nach einem eigenen Land, und mit Recht überzeugt, daß die Erde allen gehört, die ihre Pflicht ihr gegenüber erfüllen; doch nicht imstande, die Frage zu lösen, wie der primitive Haß gelöscht werden könnte.« Roth hat die jüdischen Städtchen mit liebender Sorgfalt portraitiert, darunter auch Drohobycz, das mit mehr als 40 000 Einwohnern – etwa die Hälfte davon Juden – zwar nicht die Größe Lembergs oder Przemysl erreichte, aber eben auch kein Dorf mehr war. »Im Kreuzungspunkt liegt der Marktplatz. Am äußersten Ende, der Nord-Süd-Straße liegt der Bahnhof. Einmal im Tag kommt ein Personenzug. Einmal im Tag fährt ein Personenzug ab. Dennoch haben viele Leute den ganzen Tag am Bahnhof zu tun. Denn sie sind Händler.«
Als Roth dies formuliert, beginnt der zwei Jahre ältere Drohobyczer Tuchhändlersohn Bruno Schulz gerade mit dem Schreiben von Prosa und das in seiner polnischen Muttersprache. Drohobycz war eine Industriestadt, geprägt vom Petroleumgestank der großen Raffinerieanlagen, die noch vor der Jahrhundertwende das Bild des ehemaligen verschlafenen Ortes radikal umwandelten. Martin Pollack schrieb über diesen Wandel, der genau zu dem Zeitpunkt seinen ersten großen Schub erlebte, als Bruno Schulz geboren wurde: »Das Leben in Drohobycz veränderte sich schlagartig, und aus dem vordem beschaulichen Bezirks-

städtchen wurde das geschäftige Zentrum der ergiebigsten Ölfelder des Kronlandes Galizien, die der Region den Namen galizisches Pennsylvanien oder Kalifornien eintrugen und Unternehmer, Geschäftemacher und Spekulanten aus allen Winkeln des Landes anlockten.« Auf der Samborer Straße flanierten die Familien der neureichen Millionäre und demonstrierten aufdringlich ihren Pomp. Das Proletariat lebte unter miserablen Bedingungen in den Vorstädten, darunter Lan, das frühere Judenghetto. Zwischen dem Zentrum und dem Bahnhof befanden sich die Kaschemmen, Kramläden und Etablissements der Halbwelt, wo man – wie es in der Drohobyczer Wochenzeitung hieß – »auf eine Weise in aller Öffentlichkeit Orgien feierte, daß man sich tatsächlich die Ohren mit Watte verstopfen müßte«. Der größte Teil der 9 000 Arbeiter bestand – einem auch heute noch gängigen Vorurteil entgegen – aus Juden, die auf keinerlei Rechte, soziale Absicherungen oder gewerkschaftliche Organisationen zurückgreifen konnten und wie Leibeigene behandelt wurden.

Saul Raphael Landau, Zionist und Mitarbeiter Theodor Herzls, formulierte in seiner Studie über die jüdischen Proletarier: »Jüdische Großindustrie-Arbeiter gibt es wohl auch zu Tausenden in England und Amerika, aber nirgends ist bei so schwerer, so gesundheitsschädlicher, ja lebensgefährlicher Arbeit der Lohn so niedrig und darum der Lebensunterhalt so elend; nirgends, nirgends trägt ein ganzer Produktionszweig so das Gepräge mühsamer jüdischer Händearbeit.«

Unweit der Samborer Straße, am Ringplatz, lag das Geschäft von Jakub Schulz, Seiden- und Schnittwarenhändler, der im Werke des Sohnes eine geradezu beherrschende Präsenz erfahren sollte, vergleichbar bestenfalls der Präsenz des Galanteriewarenhändlers Hermann Kafka am Altstädter Ring im Werke des Sohnes Franz, den Bruno Schulz verehrte, mit einer Freundin übersetzte und sich in seinen eigenen, phantastisch-beklemmenden Texten produktiv anverwandelte.

Jakub Schulz und seine Familie zelebrierten nur noch die obligatorischen jüdischen Feste, hatten sich längst losgelöst nicht nur vom synagogalen Leben, sondern auch von dessen Verankerung in der ostjüdischen Tradition. Jakub Schulz verstand sich als »Pole mosaischen Glaubens«. Gesprochen wurde polnisch. Deutsch beherrschte man, das Jiddische aber wurde so recht nicht mehr verstanden.

Die Geschäfte des Tuchhändlers gingen nicht gut. Schwer war es für die alteingesessenen Gewerbetreibenden sich zu behaupten gegen den Ansturm der Jungmillionäre, gegen eine immer übermächtiger werdende Konkurrenz. Der bürgerliche Schiffbruch, der Zusammenbruch des Geschäftes, war vorprogrammiert. »Der Geist der Zeit, der Mechanismus des Wirtschaftslebens hatte auch unsere Stadt nicht verschont und auf den Planschnitzeln ihrer Peripherie gierig Wurzeln geschlagen, wo er sich zu einem schmarotzenden Viertel entwickelte. Während in der alten Stadt immer noch der nächtliche Winkelhandel mit seinem feierlichen Zeremoniell herrschte, entwickelten sich in diesem neuen Viertel sogleich die neuzeitlichen, nüchternen Formen des Kommerzialismus. Der Pseudoamerikanismus, dem alten, morschen Boden der Stadt aufgepfropft, ließ hier die üppige, wenn auch leere und farblose Vegetation trödlerhafter, schlechter Ansprüche emporschießen.« (*Die Zimtläden, Die Krokodilgasse*)

In einer phantasmagorischen Sequenz hat Bruno Schulz den auswegslosen Kampf des Vaters gegen die Übermacht der Neuen geschildert. Der Tuchladen wird darin zum kosmischen Raum, den der Vater, »die Arme prophetisch in die Wolken ausgebreitet«, nicht mehr zu beherrschen vermag, denn: »Unten, am Fuße dieses Sinai, aus dem Zorn des Vaters emporgewachsen, gestikulierte und fluchte das Volk, betete Baal an und handelte.« Der Vergleich mit Moses endet, als der Sieg der ums goldene Kalb tanzenden Masse nicht mehr in Frage steht: »Mein Vater wuchs plötzlich – vom Zorn verlängert – über diese Gruppen der Käufer hinaus und donnerte von oben herab diese Götzenanbeter mit seinem mächtigen Wort an. Dann kletterte er vernichtet und verzweifelt auf die hohen Galerien der Schränke, lief benommen über die Spannriegel der Regale, über die donnernden Bretter der entblößten Gerüste, verfolgt von den Bildern schamloser Ausschweifung, die er hinter seinem Rücken in der Tiefe des Hauses ahnte.«

1910 war es soweit. Jakub Schulz erklärte den Bankrott, das alte und repräsentative Haus am Ringplatz mußte aufgegeben werden. Im zweiten Weltkriegsjahr ging es bei einer russischen Offensive in Flammen auf. Kurze Zeit später starb Jakub Schulz. Seine Krankheit zum Tode, sein Sterben ist vom Sohn in dessen Hauptwerk *Die Zimtläden* mit einer Erinnerungskraft und einer Charakterisierungstechnik erzählt worden, die ihresgleichen suchen. Bruno Schulz läßt den Vater zusammenschrumpfen, fast unbemerkt, dann gar unsichtbar werden; ein Mann, der im wahrsten Sinne des Wortes vergeht, abgenabelt längst von dem alten Kaufmannskörper: »Wir gewöhnten uns an seine unschädliche Gegenwart, an sein leises Murmeln, an dieses kindische, in sich versunkene Zwitschern [...] Allmählich hörte dieses Verschwinden auf, Eindruck auf uns zu machen, wir gewöhnten uns daran, und wenn er nach vielen Tagen um einige Zoll kleiner und magerer wieder erschien, so fesselte dies unsere Aufmerksamkeit nicht lange [...] Das, was von ihm noch übrigblieb, das bißchen sterbliche Hülle und die Handvoll sinnloser Absonderlichkeiten – das konnte eines Tages verschwinden, ebenso unbemerkt wie das graue Häuflein Kehricht, das sich in der Ecke ansammelte und [...] täglich auf den Komposthaufen hinausgetragen wurde.«

Merkwürdig wenig erfahren wir von der Mutter, Henriette Hendel, geborene Kuhmerker, die dem Kind deutsche Dichtung vorlas, darunter – lebenslang erinnert und reflektiert – das Vater-Sohn-Gedicht schlechthin, Goethes *Erlkönig*-Ballade. Schulz hat der Mutter die »Leichtigkeit, mit der sie nach dem Verlust des Vaters zur Tagesordnung überging«, niemals verziehen. »Sie hat ihn nie geliebt [...] und weil der Vater im Herzen keiner Frau verwurzelt war, konnte er auch in keine Realität hineinwachsen und schwebte ewig an der Peripherie des Lebens, in halbrealen Regionen, an den Rändern der Wirklichkeit dahin.«

Das Gedicht Goethes hatte eine ungeheure Wirkung. »Durch das halbverständliche Deutsch begriff ich, fühlte den Sinn und weinte zutiefst erschüttert, als mir die Mutter ihn vorlas.« Schulz absolviert das Franz-Joseph-Realgymnasium in der Heimatstadt. Den Namen des österreichischen Kaisers, des Übervaters der Völkerfamilie der bereits in Agonie liegenden Donaumonarchie, muß er jeden Tag gelesen haben. Später, im literarischen Werk, wird aus dem alten Kaiser ein böswilliges Petrefakt. Ganz anders als Stefan Zweig, Franz Werfel oder der ihm persönlich vertraute Joseph Roth verleiht Schulz keinem habsburgischen Mythos, keiner Apotheose des k.u.k. Reiches einen Raum. In dem seiner Braut Józefina Szelinska gewidmeten Buch *Das Sanatorium zur Todesanzeige* taucht der Kaiser so auf: »Auf die Balustrade des Fensters gestützt, die Lider gleichsam lächelnd in den Deltas der Falten zugekniffen: blaue Knöpfe ohne Güte und Gnade. So steht er, mit nach hinten gebürstetem schneeweißen Backenbart auf Leutseligkeit charakterisiert, da – ein ranziger, verbitterter Fuchs – und imitiert aus der Ferne mit seinem Gesicht ohne Humor und ohne Genialität ein Lächeln.«

Schulz behauptet sich in der Schule, versagt nur in Gymnastik. Er beginnt nun, schon längst im Umgang mit dem Bleistift geübt, sein Zeichnen zu perfektionieren. Der Beginn dieses Zeichnens stand im

Zeichen eines ikonographischen Archetyps, des Urbildes eines Pferde-
fuhrwerkes, einer Kutsche, ja – genauer noch –, »einer Droschke mit
aufgesetztem Kasten und brennenden Lichtern, die aus einem nächtlichen Wald herausfuhr«. Solcherart waren die sich »in mythologi-
schem Nebel« verlierenden Anfänge der Zeichnungen. »Dieses Bild«,
so erinnerte sich Schulz im Brief an den Freund Stanislav Ignacy
Witkiewicz, »gehört zum eisernen Kapital meiner Phantasie, es ist
eine Art Knotenpunkt vieler in die Tiefe führender Bahnen«. Genau
übrigens wie die Vorlesung des *Erlkönig* im Alter von acht Jahren.
Schulz vermutet, »daß der ganze Rest des Lebens damit vergeht, die
Einblicke zu interpretieren«.
1910 besteht er die Matura. »Reif mit Auszeichnung« begibt er sich
in die Welt der Erwachsenen, die er bis zum schrecklichen Lebensende
immer noch mit den Augen eines staunenden Kindes wahrnimmt. In
Lemberg studiert er Architektur, aber die Krankheit des Vaters und
der damit einhergehende Prozeß der Verarmung zwingt ihn zurück.
Er bleibt in seiner Heimatstadt. Ausnahme ist der Weltkrieg, als die
Familie vorübergehend nach Wien übersiedelt.
Die zwanziger Jahre werden bestimmt zunächst durch die grafische
Arbeit. Schulz verschenkt leinengebundene Mappen an Freunde,
jeweils mit unterschiedlichen Bildern, doch immer mit der Titelblatt-
aufschrift: *Das Buch vom Götzendienst – Originalgrafiken von
Bruno Schulz.* 1924 wird er in seiner ehemaligen Schule als Zeichen-
lehrer angestellt – ein Probeangebot, denn ihm fehlt ein Hochschul-
abschluß. 1928 vollendet er die erste wirklich gelungene Erzählung
Julinacht. Es entsteht die Freundschaft mit der Autorin Debora Vogel,
die ihn literarisch stark inspiriert. Endlich in fester Anstellung plant
er die Heirat mit einem »Fräulein J«, einer polnischen Katholikin.
Aus dem Plan wird nichts. Schulz' Hochzeitsvorbereitungen erweisen
sich auch in Zukunft als so schwankend und ungesichert wie die von
Franz Kafka, dessen *Prozess* die spätere Braut Józefina Szelinska
unter dem Lektorat ihres Bräutigams 1936 übersetzt.
Die dreißiger Jahre erweisen sich literarisch als äußerst fruchtbar.
Texte wie *Die geniale Epoche, Der Frühling, Sanatorium zur Todesanzeige* oder *Der Pensionist* flankieren die erste große, 1933 herausgegebene Prosasammlung *Die Zimtläden.* Schulz gerät ins Zentrum
des literarischen Lebens, erhält erste Preise, schließt Freundschaft mit
Witold Gombrowicz, nimmt Kontakt zu Thomas Mann auf und zeigt
sich tief bewegt von Aldous Huxleys philosophischer Prosa. Die ein-

zig wirklich große Reise, ein Parisaufenthalt während des Sommers 1938, wird eine Enttäuschung: »Es war naiv, sich so wie ich auf den Weg zu machen, um Paris zu erobern, die exklusivste, autarkste und geschlossenste Stadt auf der Welt.«

1939 wird zum Jahr der Pein. Die Depressionen lassen nicht nach. Die Heiratspläne sind gescheitert; auch der Austritt aus der jüdischen Gemeinde, der die Heirat mit einer Katholikin ermöglichen sollte, war vergebens. Der langjährigen Freundin Romana Halpern gesteht er: »Ich bin absolut krank – eine Nervenzerrüttung, der Anfang einer Melancholie, Verzweiflung, Trauer, das Gefühl einer unvermeidlichen Niederlage, eines unwiederbringlichen Verlusts ...«

Kurze Zeit später erfolgt der deutsche Überfall auf Polen und nach zwei Wochen rücken die Hitlertruppen in Drohobycz ein: freilich nur für einen kurzen Zeitraum, denn gemäß der Absprachen des Hitler-Stalin-Paktes wird der Ort erst von der Sowjetunion annektiert, eine weitere Tragödie in Polens Geschichte. Immerhin hat Schulz die Möglichkeit, sein Brot als Zeichenlehrer zu verdienen. Seine Prosa wird unter dem Diktat des sozialistischen Realismus abgelehnt. Die Begründung findet sich in der Mainummer (1948) der *Nowe Widnokręgi*: »Wir brauchen keine Prousts.« Notgedrungen übernimmt er nun im Auftrag der Sowjets außerliterarische Arbeiten, darunter die eines Wahlkommissionsmitarbeiters. Anschließend malt er – was blieb ihm außer Zwangsarbeit oder gar Exekution anderes übrig – ein monumentales Stalinporträt für das Rathaus. Übermäßig seine Freude, als Dohlen das Bild beschmutzen, außerdem eine späte, aber reale Einlösung der bizarren Vogelphantasmagorien, die in seinem Werk immer wieder auftauchten.

Am 22. Juni 1941 greift das Dritte Reich die Sowjetunion an. Schulz' Geburtsort verwandelt sich in ein Armeelager. Er selbst trägt von nun an den gelben Stern. Das gräßliche Ende bahnt sich an. Schulz wird eine Art »Schutzjude« bei einem Nazi, dem Referenten für Judenfragen, den er portraitieren muß. Dadurch sichert er das eigene Überleben und kann darüber hinaus seinen Verwandten helfen. Er verfertigt Fresken für das Gestapobüro, arbeitet an den Frauenbildern nur langsam, um Zeit zu gewinnen. Im Mai 2001 wurden diese Fresken von Spezialisten gestohlen und in einer Nacht- und Nebelaktion von Mitarbeitern des Jerusalemer Instituts *Yad Vashem* nach Israel gebracht. Dies geschah nach der Ankündigung der deutschen Krupp-Stiftung, neben anderen Projekten in Drohobycz ein Bruno Schulz-Museum zu finanzieren. Wie dem auch sei, im preisgekrönten Schöpfer der Fresken hätte all dies jenen metaphysischen Humor hervorgebracht, der für sein Werk bezeichnend war.

Das Ende von Bruno Schulz präsentiert sich als grauenhafte Tragikomödie. Am 19. November 1942, dem »blutigen Donnerstag« von Drohobycz, veranstalteten die Nazis eine Hetzjagd auf die Ghettobewohner. Schulz, unterwegs mit einem Brotsack, wird von dem SS-Scharfschützen Karl Günther niedergestreckt, weil dessen »Schutzjude« zuvor von Schulz' Protektor Landau erschossen worden war. Günther soll formuliert haben: »Du hast meinen Juden getötet – und ich deinen …«

Schulz' Freund Izydor Friedmann fand den Leichnam auf der Czachi-Straße und beerdigte ihn im Morgengrauen des 20. Novembers 1942 auf dem jüdischen Friedhof.

Von jenen, die ihn gut gekannt haben, wird seine außergewöhnliche Sensibilität, seine träumerische Veranlagung, seine nie ruhende Phantasietätigkeit, zugleich aber seine unmäßige Schüchternheit betont. Die extreme Neigung, »sich willensstarken Menschen zu unterwerfen« (Jerzy Jarzébski), schaffte sich Ausdruck in jenen zahlreichen grafischen Arbeiten, die in offenkundig masochistischer Intention geschaffen wurden. Die zeitweilige Geliebte Zofia Nalkowska sprach von einer Natur, »die in der Verehrung Demut und Verlorensein begehrte und hier endlich (in ›meiner Vollkommenheit‹) gleichsam die objektive Begründung für die sündige Begierde fand, die Gelegenheit, sich in ihrer höheren erotischen Sphäre auszuleben«(*Die Wirklichkeit ist Schatten des Wortes*). Auf die Frage seiner späteren Verlobten, der Lehrerin Józefina Szelinska, an welches Tier er sich, ihn selbst betreffend erinnere, antwortete er: »An einen Hund.« Schulz litt unter beständigen Depressionen, Selbstzweifeln und anderen Ängsten. Er lehnte alle Angebote, die Heimatstadt auf Dauer zu verlassen, ab, denn: »Er hatte das Gefühl, sein Schaffen – dieser einzige Sinn seines Lebens – sei unverbrüchlich mit Drohobycz verbunden.«

Schulz' grafisches Werk verheimlicht nicht seine Inspirationsquellen. Ein Blick auf die Zeichnungen genügt, um den Einfluß Goyas zu erkennen; ein zweiter Blick läßt an Hogarth denken, ein dritter an die von Stanislaw Ignacy Witkiewicz als Dämonologen bezeichneten Künstler des 19. Jahrhunderts wie Rops, Munch, Beardsley und schließlich – Schulz hat sich explizit auf ihn bezogen – Alfred Kubin. Schulz' Kreaturen sind oft bösartig, habgierig, sadistisch. Ausgeliefert sind ihnen die Anderen, die Wehrlosen, allen voran der Künstler selbst. Ein Selbstbildnis vom Beginn der zwanziger Jahre, eine Glasradierung, zeigt ihn dienend, in geduckter Haltung, die Augen nach oben, zu einem imaginären Auftraggeber gerichtet, der der Betrachter des Bildes sein könnte, im Hintergrund kalte, feiste Fratzen. Andere Arbeiten zeigen Devotheit vor dem weiblichen Geschlecht und sexuelle Hörigkeit. Diesen Bildern und den »Straßenszenen« mit ähnlichen Sujets stehen fremd die »Judaica-Arbeiten« gegenüber, Chassiden an Brunnen, Männer der großen Versammlung oder jüdische Greise, »Gruppen von Ernst und Würde«, begriffen in »zurückhaltenden, diplomatischen Gesprächen«, immer wieder das Vergangene erinnernd, die Sünde des Vergessens bekämpfend, rückwärtsgewandt.

Vergangenheitsbeschwörung ist der Fluchtpunkt der meisten Texte von Bruno Schulz. Die stalinistische Kunstpolizei lag, als sie Schulz' Prosa mit Proust in Verbindung brachte, nicht gerade falsch. Schulz' Erzähltechnik geht auf in seiner Erinnerung. Wie bei Proust, wie später bei Heimito von Doderer oder Thomas Wolfe, wird vom Initial eines Geruchs, eines Tones, eines Bildes die Reihe der Assoziationen auf die Suche nach dem Ursprung geschickt. Irgendwo, hinter der Farbigkeit der Dinge, kauert die Urskizze, so farblos wie die Zeichnungen von Schulz. Zunächst aber sind es die Farben, die der Vergangenheitsbeschwörer rekonstruiert. Die Farben des väterlichen Geschäfts etwa, erschaut bereits im Erwachen der Wahrnehmung. Schulz gerät in schwelgenden Katalogstil: Die Tücher und Stoffe »ein riesiges Register allerlei herbstlicher Farben […] wie auf Tonleitern aller Farboktaven. […] In immer breiteren Akkorden kam [es] zu tiefen Blautönen, zum Indigo ferner Wälder und zum Plüschrauschen der Parks, um dann über alle Ockerarten, Sanguinschattierungen, Rostnuancen uns Sepiatöne in den raschelnden Schatten welkender Gärten abzufallen und zum dunklen Duft der Pilze, zum Atem des Moders in den Tiefen der Herbstnacht und zur hohlen Begleitung der tiefsten Bässe zu gelangen.«

Die Klaviatur dieser Synästhesien ist einzigartig. Das Gedächtnis braucht die Sprachwerdung der erinnerten Bilder, um das Vergangene in die Wiederholbarkeit zu bannen. All das vollzieht sich bei Schulz über die Farben. Das Übermaß von Farbmetaphorik und Farbsymbolik ist ein weiterer Grundzug seines Schreibens. Schon der Titel seines Hauptwerkes, der Prosasammlung *Die Zimtläden,* weist darauf hin. Das gleichnamige Kapitel beschreibt den grenzenlos freien Ausblick einer sternbesäten Winternacht; eine Erinnerung daran, wie der Knabe allein die Tiefe der Stadt ausmaß; all das unter einem Himmel, der an diesem Tag seine inneren Konstruktionen entblößte »in vielen, gleichsam anatomischen Präparaten mit Darstellungen des Lichts in Spiralen und Schichten, Querschnitten lindgrüner Nachtkörper, Plasmen des Raums und Geweben nächtlicher Schwärmereien«. Endlich kommt der Knabe zu jenen entlegenen, in der großen Topographie des Stadtkosmos nur durch mystische Suche aufzufindenden Gassen, wo die Zimtläden stehen. »Ich nenne sie die Zimtläden wegen der dunklen Tönung des Holzes, mit denen sie getäfelt sind.«

Farbe also ist der Ursprung, dann erst der Geruch von Farben, Lack, Weihrauch, das fremdländische Aroma und bengalisches Feuer, Zauberkistchen, lebende Salamander, Homunculi in Blumentöpfen: Schulz' exotischer Katalog wird hier so unlimitiert wie die Phantasien der kindlichen Welterkundung. Die Couleur der Welt ist an ihrer Erscheinung abzulesen. Von dieser Erscheinung, von der Tiefe der Oberfläche geht die Erinnerungsfahrt aus. Hier beginnen Augenblicke sich zu sammeln, sich wie die Zimtläden nebeneinander zu stellen und zu Texten zu werden. Zu Erzählungen?

Bruno Schulz ist kein linearer Erzähler. Seine Prosa setzt Bilder, läßt Bilder zu Bildreihen werden. Nie wird deren Panorama zur vertikalen Schichtung. Unerhörte Begebenheiten im Sinne der Goethe'schen Novellencharakterisierung mag es gelegentlich geben, sie bleiben aber im Horizont des Bildes. Nur in der Erinnerung an die gegebenen Textbilder stellen sich plötzlich Strukturen ein, schießt der Eindruck einer narrativen Linie hervor, gerät für kurze Zeit die Ahnung eines Handlungsverlaufes in den retrospektiven Blick. Das aber dürfte eine Täuschung sein. *Die Zimtläden, Das Sanatorium zur Todesanzeige, Der Komet*, die *Prosafragmente*: All das gibt nicht das Genre »Erzählung« wieder, das gleisnerisch noch über den letzten Titelblättern seiner Bücher vorgegeben wird. Bruno Schulz' Prosa ist Malerei, wo er die Farben der Jahreszeiten, wo er den Sturm der vorbeieilenden Augenblicke und die schwer am Boden haftende, ächzende Bewegung der Jahre in der Sprache festhält.

Es gibt luftige Impressionen, holzschnittartige Expressiva, Wortreliefs und Satzskizzen. Mit größter synästhetischer Virtuosität werden die Farben zu Ideen, die Dunkelheit zur Erinnerung und das Licht des Firmamentes zur philosophischen Erkenntnis. Mit der phantastischen Literatur eines Gerard de Nerval, eines Franz Kafka, eines Alfred Kubin oder eines Gustav Meyrink teilt Schulz die Passion für den Anthropomorphismus, den Vergleich physikalischer Dinge mit menschlichen oder einfach nur organischen Eigenschaften; ein stilistisches Prinzip, das von den ersten Texten bis zur letzten Prosa, *Der Komet* etwa oder dem Fragment *Vaterland*, durchgehalten wird; ein Modellfall sowohl des Sprachbildes als auch der Bildsprache. Ich hätte keine Mühe, die nächsten Seiten ausschließlich mit Beispielen dieser Technik zu füllen. Hier eine kleine Auswahl: »Das goldene Stapelfeld schreit in der Sonne wie das Erz der Heuschrecken«, »Die alte blaue Tür, deren dunkle Seufzer diese Menschen einließen« (*August*); »die Jalousien fielen von den hellen Wogen in Ohnmacht« (*Herr Karol*); »die Räume der Nacht mit dem Galopp der Dachsparren und dem Getümmel der Querbalken und Spannriegel« (*Der Sturmwind*); »der ganze Park ein riesiges, schweigendes Orchester« oder – zuletzt – gleich ein ganzer Bildersatz: »Es rieselt hoch aus dem dämmerungsdunklen Himmel und verströmt in einem grenzenlosen Todesseufzer, in welchem die ersten Sterne ihre Tränen vergießen ...« (*Der Frühling*)

Bruno Schulz, hierin Rilke und Hofmannsthal verwandt, sucht in der Wortwerdung der Bilder der Sprachskepsis, dem Sprachenzerfall entgegenzuwirken. »Unsere Sprache«, so formuliert er in *Die Krokodilgasse* (wiederum ein Text über den Vater), »besitzt keine Umschreibung, die irgendwie den Grad dieser Realität dosieren und deren Dichte definieren könnte«. Deshalb wird die Wirklichkeit ins Bild gesetzt. Im 13. Teil von *Der Frühling* schildert Schulz die Repression des Wortes zum blaß bedruckten Papier. Er schildert Zeitungsleser im Park und gibt ein wunderbar spracherfülltes Bild von der Sprachentleerung der Menschen: »Die Menschen, betäubt und ohne einen Gedanken im Kopf, hockten da, den Kopf in die Hände gestützt, hingen so zusammengekauert auf den Bänken der Parks mit einem Lappen Zeitung auf den Knien, aus denen der Text in die große, graue Unsinnigkeit des Tages rann, hingen plump, noch in der Haltung von gestern da, und sabberten unbewußt.«

Der Raum der *Zimtläden* und des *Sanatoriums zur Todesanzeige* eröffnet keineswegs den freien Blick auf die galizische Weite. Er bleibt beschränkt auf die Provinzstadt, auf ihren großen Ringplatz, auf die Gassen und das verschlungene und undurchdringliche System der Häuser. Das Ganze präsentiert sich als Irrgarten, als labyrinthische Topographie. »Wenn man einmal durch einen falschen Flur eine Stiege betrat, so geriet man gewöhnlich in ein wahres Labyrinth fremder

Wohnungen, Gänge, unerwartete Durchlässe auf fremde Höfe und vergaß das ursprüngliche Ziel seiner Expedition so gründlich, daß man sich erst nach vielen Tagen, von wunderlichen Irrwegen und verworrenen Abenteuern zurückkehrend, eines grauen Morgens unter Gewissensbissen des väterlichen Hauses erinnerte.«

Auch hier zeigt sich Schulz' Festhalten an der Kinderperspektive. Er gibt die Tischkanten-, Dachboden- und Kelleroptik der frühen Erkundungen, der Knabenexpeditionen, die das Haus mit der Welt und die Stadt mit dem Weltraum gleichsetzten. Hierauf fußt Schulz' Ästhetik des ersten Eindrucks, seine Metaphorik des Erwachens. Im erwähnten Brief an Stanislav Ignacy Witkiewicz formuliert er das geradezu programmatisch: »Die frühen Bilder bestimmen den Künstlern die Grenzen ihres Schaffens. Ihr Schaffen ist eines aus Ableitung, aus fertigen Voraussetzungen. Später entdecken sie nichts neues mehr.«

Zuletzt noch eine Betrachtung des spirituellen Materialismus des Dichters und Zeichners. Im *Traktat über die Mannequins oder das zweite Buch Genesis* geht es philosophisch zu. Am grotesken Bild einer künstlichen Menschenschöpfung, einer zweiten creatio ex nihilo entsteht die Frage nach dem Zustand der Materie im Kosmos. Nach Schulz ist die Materie »das passivste und wehrloseste Wesen im Kosmos«, denn: »Jeder kann sie kneten und formen, jedem gehorcht sie«. Im Erzählband ist es der Vater, der vor seinem Verstummen ein pantheistisches Bekenntnis abgibt und von der Grundskala der Morphologie spricht, der auch die Materie unterliegt. Dennoch wiederholt die planetarische Geschichte die Mechanik des ersten Kindereindruckes: »Ein bestimmter Vorrat an Formen«, schreibt Schulz, »wiederholt sich ständig auf verschiedenen Ebenen des Daseins«. Auch dieses kosmische und biologische Programm bleibt im topologischen Breitengrad der Gassen Drohobyczs. Bruno Schulz hat sie nie verlassen. Auch seine Kosmogonie trägt ihre Züge.

IST DIE FRAU EIN MENSCH?

Über Alice Rühle-Gerstel

Will die Frau überhaupt eine Kultur aufbauen, so muß sie Einfluß
gewinnen auf das Gesamtgefüge der Welt, in der sie lebt

Für Herta Haas

Dem Freitod, für den Alice Rühle-Gerstel sich am 26. Juni 1943 im mexikanischen Exil entschied, ging als unmittelbarer Anlaß der plötzliche Herzschlag ihres geliebten Mannes Otto Rühle am gleichen Tag voraus. Ohne ihn glaubte sie die Strapazen der Emigration nicht mehr überstehen zu können. Bis auf die Künstler Diego Riviera, Frida Kahlo und das Ehepaar Trotzki – knapp zwei Jahre zuvor hatte sich der Mord an dem so verehrten wie kritisierten Revolutionär ereignet – waren in Mexiko nur wenige substantielle Freundschaften geschlossen worden. Umgeben war Alice Rühle-Gerstel nun von der strikt stalinistischen Kamarilla der deutschen Emigranten, die kein »linkes Sektierertum« duldeten, darunter Bodo Uhse, Anna Seghers und Ludwig Renn. Die Disposition zu ihrer Tat aber läßt sich zurückverfolgen. Manès Sperber, der Freund, den sie im Kreis um ihren Lehrmeister Alfred Adler kennen gelernt hatte, erinnert sich im zweiten Teil seiner Autobiographie, *Die vergebliche Warnung*, an ein rund fünfzehn Jahre zuvor geführtes Gespräch. »Sie erklärte mir, daß sie ihren viel älteren Mann nicht überleben wollte und deshalb gleich nach seinem Ableben Selbstmord verüben würde [...] Nur einen Augenblick lang stieg in mir der Verdacht auf, daß sie diese Drohung eines Tages wahr machen könnte.«
Geboren wird Alice Gerstel am 24. März 1894 in Prag. Ihre Familie gehört wie die der Werfels und Haas' zu den begüterten jüdischen Familien der Stadt. Zu ihnen, mit Brod, Kisch und Kafka die interessantesten Köpfe einer gegen das patriarchalische Väterhaus ankämpfenden Intellektuellengruppe, findet sie bald Kontakt. Schon früh empfindet sie das falsche Sekuritätsbedürfnis ihrer Familie (sie hat

noch eine Schwester und einen Bruder) als fragwürdig. Der Vater, ein reicher Möbelfabrikant, plant – sekundiert von der kompromißlosen Mutter – genau die Zukunft der Kinder. Schon in der Tertia beantwortet Alices Bruder die Frage »Was willst du werden?« unbeirrt mit: »Fabrikant« (Johannes Urzidil, *Väterliches aus Prag*). Das Portrait dieses Bruders findet sich später in ihrem einzigen Roman, *Der Umbruch oder Hanna und die Freiheit*. Dort berichtet sie ohne große Verschlüsselung auch von ihrer Arbeit als Krankenschwester im ersten Weltkrieg, wo sie im Verbandsaal des Zweierspitals auf dem Hradschin ein neues »Lebensgefühl« empfindet: »zwischen all dem armen, schuldlos geschändeten Menschenfleisch [...] wenn sie, atemholend zwischen zwei Stößen fieberhafter Arbeit, ans Fenster getreten war.« Das Erlebnis solchen »selbstverschuldeten Leidens« prägt ihre Weltsicht. Bei Franz Werfel, dem Freund ihrer Kollegin Gertrud Spirk, holt sie sich Rat, schreibt ihm an die galizische Front und freundet sich bald selbst mit ihm an. Werfel weist sie in einem Brief eindringlich auf die Notwendigkeit einer Ablösung von der übermächtigen und despotischen Familie hin: »Versäumen Sie nicht, so viel wie möglich allein zu sein, zu lesen, an eine gute Zukunft zu denken«. Alice Gerstel aber absolviert nach einem längeren Privatunterricht erst gegen Ende des Krieges das Abitur. »Es ist ein großes Unglück, daß Sie in Prag sind! Wollen Sie nichts nach der Matura unternehmen, um fortzukommen. Irgend ein Studium? [...] Wir alle werden doch nicht – liebe Freundin, an den bürgerlichen Fesseln scheitern dürfen.« Alice Gerstel teilt dem Freund – der sie um ein Treffen weit von Prag, in Berlin, bittet – ihre Verachtung der bürgerlichen Ehe mit, bekennt aber gleichfalls ihre Energielosigkeit den Eltern gegenüber. Ihr literaturwissenschaftliches Studium beginnt sie in Prag. 1921, nunmehr schon einige Semester in München, promoviert sie mit einer Arbeit über Friedrich Schlegel.

In München stößt sie zum Kreis um Alfred Adler, des Begründers der Individualpsychologie. Im selben Jahr heiratet sie nach nur kurzem Zögern Otto Rühle, den Mitstreiter Karl Liebknechts, der mit diesem 1914 im Reichstag gegen die Bewilligung der Kriegskredite gestimmt hatte. Zwei Jahre vor ihrer Hochzeit hatte Rühle mit der KPD, deren dogmatische und totalitäre Wendung er antizipierte, gebrochen. Individualpsychologie und Sozialismus: Aus diesen beiden, von Adler und Rühle vertretenen Lehren, versucht Alice Gerstel das arithmetische Mittel zu ziehen. Von Adler lernt sie die Entwicklung der Neurosenstruktur, die Problematik der Adoleszenz, den Prozeß von Kompensation und Überkompensation. Vor allem interessiert sie Adlers therapeutischer Blick auf die Ängste der Kindheit, auf das Eindringen des Minderwertigkeitsgefühls. Für Adler gilt der sexualpsychologische Primat Freuds längst nicht mehr. An seine Stelle sind Kategorien wie »Geltung«, »Macht« und »Sicherheit« als Zentrum der neurotischen Struktur getreten. Genau diese Kategorien aber finden sich in soziologischer Transkription auch bei Otto Rühle, ihrem gut zwanzig Jahre älteren Mann. In ihrem ersten Buch *Freud und Adler. Elementare Einführung in Psychoanalyse und Individualpsychologie* (Dresden 1924) gerät vor dem Hintergrund des Gegensatzes der beiden Psychologen – »Freud ist kausal, Adler final orientiert« und Freud fragt »Woher«, Adler »Wohin« – diese Transkription noch nicht zum Thema. Das vollzieht sich erst in *Der Weg zum Wir*.

1927 erscheint das Buch, dessen Titel ebenso eine Reminiszenz an das expressionistische Aufbruchsgefühl darstellt – *Wir sind* und *Einander* hießen die frühen Gedichtbände des Freundes Franz Werfel – wie ein verantwortungsethisch gefaßtes sozio-psychologisches Programm. 1927, auf der internationalen Tagung der Individualpsychologen, wird das Buch unter den marxistischen Adlerianern heftig diskutiert. Dabei ist der erste Teil, welcher der politischen Ökonomie (Fetischcharakter der Ware, Akkumulation des Kapitals, Verelendung), der materialistischen Geschichtsauffassung (Unterbau-Überbau, Verdinglichung, Wissenschaftsbegriff) und einer Untersuchung der »Umwälzenden Praxis« (Klassenkämpfe, Klassenbewußtsein, Diktatur des Proletariats) gilt, nicht gerade originell. Freilich fallen hier bereits Denkfiguren auf, die nicht dem Fundus des dialektischen Materialismus entstammen, etwa: »Das System der Freiheit wäre nur dann ein wirkliches System der Freiheit, wenn für den Menschen eine vorurteilslose Wahl zwischen Leben und Nichtleben psychologisch möglich wäre.« Erst der individualpsychologische Teil, der die Neurosenlehre in einen sozialpathologischen Zusammenhang rückt, enthält die wesentlichen Gedanken zum Verhältnis von Individuum und Gemeinschaft. Die »Abgeschiedenheit« des Einzelnen ist die kennzeichnende Kategorie des modernen Menschen. Der »Ich-Gemeinschaftskonflikt« stärkt das System in dem Maße, in dem er das Individuum ruiniert. Das ausführliche Portrait, das die Autorin vom Neurotiker entwirft, präsentiert sich als Physiognomie des urbanen Durchschnittsmenschen. »Der Neurotiker ist dadurch charakterisiert, daß er wenig oder gar

nichts leistet, auch wenn er noch so viel tut.« Der Durchschnitts-
neurotiker steht in einer Welt des Überlebenskampfes, der Schauplatz
seiner Tätigkeit ist ein Kriegsschauplatz. Zur Welt der Vergangenheit
hat er die Beziehungen abgebrochen, »sichernde Orientierungswege«
zu Gegenwart und Vergangenheit existieren nicht. Das Leben des
Neurotikers stellt Leistung hinter die Geltung. Der Mechanismus des
Geltungsstrebens führt zur Vereinsamung. Die einzig auf Macht-
gewinn zentrierten Seelenkräfte zementieren den Mangel an Gemein-
schaftsbindung. Der Krise versucht der Neurotiker durch die immer
zwanghafter werdende Verschanzung hinter der Fiktion des Geltungs-
primates zu entkommen. Ein Wahnsystem entsteht, die Widerspiege-
lung des Konkurrenzkampfes in der Seele des Ich mit den bekannten
psychosomatischen Konsequenzen: »Schlaflosigkeit, Herzbeschwerden,
Funktionsstörungen aller Art, Anfälle, körperliche Schmerzen, Versagen von Aufmerksamkeit, Arbeitskraft und Lebenslust«. Es folgt
das neurotische Stadium realer Verelendung.

»Die Seele ist ein Lebensmittel, ein Werkzeug, eine Produktivkraft«,
schreibt die Autorin. Die soziale Konfliktsituation Individuum-Gemein-
schaft gerät zum seelischen Desaster. Der Mut zur Gemeinschaft wird
demgemäß zu einer Produktivkraft, »die erst unter bestimmten sozialen Bedingungen ihre befreiende Rolle zu spielen beginnt«. Hieran
knüpft der letzte, therapeutisch gefaßte Teil des Buches an. Die Überwindung des zeittypischen Minderwertigkeitsgefühles besteht in einem
neuen Kompensationsmodell, das die Flucht aus der Welt überwindet,
»einer Kompensation des vermassenhafteten Einzelminderwertigkeits-
gefühls durch eine neue Form des Gemeinschaftsgefühls, in dem die
Selbstverantwortlichkeit des Einzelnen mitbedingt und das Selbstgefühl
des Einzelnen mitgewährleistet ist«.

Zusammen mit ihrem Mann entwickelt Alice Rühle-Gerstel eine erzie-
herisch-emanzipatorische Tätigkeit, organisiert neue, von verantwor-
tungsorientierten Prämissen ausgehende Formen des Zusammenlebens,
erforscht die Psychologie von Arbeiterfamilien und gründet schließlich
den Verlag »Am anderen Ufer« mit Sitz in ihrem Haus in Buchholz-
Friedewald in Dresden. Hier entstehen eine ganze Reihe von politischen, pädagogischen und psychologischen Schriften, darunter die
Zeitschrift *Das proletarische Kind*. Kontakt hält man zu verschiedensten Organisationen, Vereinen und Schulen, allesamt auf der Suche
nach neuen, libertären, sozialistischen, sexualreformerischen Wegen.
Irreversibel ist der Bruch mit der KPD und allen ihr nahestehenden

Gruppierungen. Im Buch *Der Mensch auf der Flucht*, 1932 unter einem Pseudonym veröffentlicht, weist Otto Rühle offen auf die Affinität zum faschistoiden Totalitarismus hin.

Der Haß der Partei verfolgt das Ehepaar ins Exil und wirkt noch bis in die achtziger Jahre im ostentativen Verschweigen ihres engagierten Kampfes in der Emigration nach. In den großflächigen Untersuchungen der DDR-Exilforschung, aber auch in den einschlägigen Untersuchungen und Anthologien der BRD-Exilforschung mußte man lange warten, bis endlich Ingrid Herbst, Bernd Klemm, Uwe Schweikert, Ingeborg Nordmann, Henry Jacoby, der Ernst-Reinhardt-Verlag und der Frankfurter Verlag »Neue Kritik« die Schriftstellerin wiederentdeckten. Das Hauptverdienst dieser Entdeckung liegt bei Stephen S. Kalmar, dem Freund, der das Ehepaar im Frühjahr 1940 in ihrem weiß getünchten Lehmziegelhäuschen im mexikanischen Coyocan, in der Nähe der Hauptstadt gelegen, kennenlernte und den Nachlaß von Alice Rühle-Gerstel ordnete und teilweise publizierte. Seinem Bemühen ist es zu verdanken, daß der Fischer-Taschenbuch-Verlag 1984 den Exilroman *Der Umbruch oder Hanna und die Freiheit* veröffentlichte; ein Buch, das zum Besten der weiblichen Exilliteratur gehört, geschrieben – anders als etwa Anna Seghers *Transit* – durchaus aus der Perspektive der dreifachen, nämlich politischen, rassistischen und frauenfeindlichen Ausgrenzung der Frau in der Emigration.

Die Hoffnung, die Alice Rühle-Gerstel in die Zukunft des weiblichen Emanzipationskampfes setzte, bestand in der Einlösung eines »anderen Weges« der Frauen, genauer: »daß sie nicht erst total und ausführlich das Stadium der individualistischen Freiheit, d.h. Einsamkeit und Feindseligkeit zu durchlaufen brauchen«. Zum zweiten: »daß ihre lebhaftere Verbindung mit der Vergangenheit und mit der Zukunft, bedingt durch ihre Mutterrolle, ihnen den Übergang zum neuen Kollektiv erleichtert« – so Alice Rühle-Gerstel in der Antwort auf eine Rundfrage der *Literarischen Welt* von 1932 zur Frauenemanzipation. Die Utopie hinter diesen Gedanken reklamiert die entscheidende conditio sine qua non im gesamten psychologisch-soziologischen Schaffen der Autorin, die Balance von gesellschaftlichem und geschlechtlichem Dasein. Ein Balance, die die weiblich-männlichen Spezifikationen nicht durch kollektivistische Gleichschaltung aufhebt, sondern »ohne Rangordnung« und mit »distinkter Charakteristik der Geschlechter« auf eine neue Stufe stellt.

In der 1932 erschienenen, groß angelegten psychologischen Bilanz *Das*

Frauenproblem der Gegenwart hat Alice Rühle-Gerstel die »Geschlechts-demokratie« zum Desiderat der sozialen Demokratie gemacht. Bei allen Unterschieden zu August Bebels berühmtem Buch *Die Frau und der Sozialismus* bleibt auch für Alice Rühle-Gerstel dessen programmatische Emanzipationsformel – »Es gibt keine Befreiung der Menschheit ohne die soziale Unabhängigkeit und Gleichstellung der Geschlechter« – verbindlich.

Provokant beginnt das Buch mit der Frage: »Ist die Frau ein Mensch?« Es folgt eine bereits geschlechtsorientierte Klärung der anthropologischen Voraussetzungen, aber auch deren Verhältnis zur Lebenswelt. Sorgfältig differenziert Alice Rühle-Gerstel von Anfang an das reale Sein der Frau von den Funktionsmodellen, in die sie seit Jahrtausenden eingepaßt wird. Als Beispiel hierfür diene ihre Untersuchung des Schwächebegriffs als Stereotyp patriarchaler Repression. Die Schriftstellerin, zugleich genealogisch und symptologisch verfahrend, geht den Bildern vom Körper der Frau nach, etwa dem vom »Zellenstaat zum Zwecke der Fortpflanzung«. Schroff offenbart sich hier die Kluft zwischen geschlechtlichem und gesellschaftlichem Charakter. Dargelegt wird die genuine Freiheit der Mutterschaft von Hypostasierungen wie Fluch oder Last, Segen oder Problem. Die soziale Einordnung der Mutterschaft richtet sich nach dem prinzipiellen Verhältnis der Geschlechter. »Die Mutterschaft gilt in den Kulturkreisen mit betonter Geschlechtsdifferenzierung fast als eine Krankheit.« Alice Rühle-Gerstels analytisches Panorama des »Frauenproblems« insistiert auf systematische Darstellung. Das emanzipatorisch-utopische Desiderat des Buches verkündigt sich nicht in wohlfeilen Aufbruchsparolen. Gänzlich unbelastet ist es von der im feministischen Diskurs inzwischen eingeschliffenen Dämonisierung und Kriminalisierung der männlichen Welt. Es zeigt in der Korrelation von gesellschaftlicher und geschlechtlicher Ausbeutung das Fundament antagonistischer Rollenzuweisungen. Vom Körper der Frau und dessen ideologischer Einpassung geht die Analyse zur Gesellschaft über, untersucht die tendenzielle Proletarisierung der Frau, ihre Konditionierung in der bürgerlichen Familie, ihren Status in der Arbeitswelt. Den individualpsychologischen Kategorien (Idolisierung, Minderwertigkeitsgefühl, Kompensation, Verschiebung des sexuellen Gleichgewichts) korrespondiert die soziologische Einordnung sowohl des Formenwandels weiblicher Leitlinien als auch der Betrachtung der Frau in der Ehe und in der »tätigen Weiblichkeit«

der Arbeitswelt, zu der neben der Fabrik, der Pflege, der Landarbeit konsequent auch die Prostitution gezählt wird.

Alice Rühle-Gerstels umfangreichstes Werk umfaßt auch eine genauere Betrachtung der anachronistischen Sexual-Ideologie der Gegenwart und der Chancen ihrer Überwindung. Im Zentrum ihrer Betrachtung der Geschlechtsrolle steht nicht zuletzt die Forderung einer neuen weiblichen »Liebesdynamik«, einer »weiblichen Art« der Liebestechnik, eines überhaupt erst bewußt gemachten Sexualbedürfnisses. Erst in den letzten Zeilen des Buches drängt sich ein emphatischer Duktus hervor, wird die Analyse zum klaren Programm eines gemeinschaftlichen Widerstandes: »Wo die einzelne Frau zwischen Flucht oder Protest keinen Weg mehr findet, weil die überpersönlichen Gewalten sie in Ohnmacht halten, dort kann das ganze Geschlecht planmäßig Kräfte einsetzen und Vorstöße machen. Wo die Not ist, dort ist auch die Freiheit.«

Der Umbruch oder Hanna und die Freiheit, Alice Rühle-Gerstels einziger Roman, entsteht 1937/38 in Mexiko. Ingrid Herbst und Bernd Klemm vermuten im Vorwort des Buches zu Recht, daß die äußerst akribische Beschreibung des Exilantenlebens in Prag als Frucht eines schon lange, noch in der Tschechoslowakei gefaßten Entschlusses, einen Roman der Flucht zu schreiben, anzusehen ist. Alice Rühle-Gerstel verbindet mit der Arbeit an dem Roman die recht geringe Hoffnung, einen Preis der »American Guild for German Cultural Freedom« zu erlangen; ein Wunsch, der nicht erfüllt wird. Die Schriftstellerin ist weiterhin dazu gezwungen, kleine Übersetzungsarbeiten anzufertigen. Sie spricht neben deutsch und tschechisch noch spanisch, englisch, französisch und russisch, genau wie ihre Protagonistin Hanna, mit der sie noch viele andere Details und Charakteristika gemein hat. Überhaupt präsentiert sich der Roman, darin dem Exilepos des Freundes Manès Sperber *Wie eine Träne im Ozean* ähnlich, vordergründig betrachtet als Schlüsselwerk.

Hanna Lasts in Deutschland inhaftierter und etwas mythisierter Mann Karl trägt Züge von Otto Rühle. Auch Milena Jesenská findet sich als Hannas Freundin Jarmilla wieder. Die Freundschaft zwischen Milena und Alice hat ihre Wurzeln noch im alten Vorkriegs-Prag. Später wohnte Milena monatelang bei dem Ehepaar Rühle in Buchholz-Friedenwald. Im Prag der Exilzeit sahen sich die beiden Frauen zum letzten Mal. Wie Milena gerät die Romangestalt Jarmilla in die Mühlen der kommunistischen Trotzkistenjagd. Viele weitere Beispiele für den Schlüsselaspekt des Werkes ließen sich aufzählen. Entscheidender als dieser Aspekt aber erscheint der Rang des Romans als Geschichte eines sich Schritt für Schritt, über Ängste und Umwege, Selbstdisziplinierungen und Selbstaufgabe entfaltenden, unaufhaltsamen Desillusionierungsprozesses. Hanna Last, die Protagonistin, ist eine Figur, deren einzige Gewißheit die Permanenz ihres Scheiterns ist. Als bürgerliche Kommunistin scheitert sie an der irreversiblen Idiosynkrasie ihrer proletarischen Genossen. Als Geliebte des Chefredakteurs der Prager Zeitung, in der sie auf Honorarbasis sich trotz des Arbeitsverbotes für Flüchtlinge den Lebensunterhalt verdient, scheitert sie an dessen Unvermögen zu einer tieferen Bindung. »Anatol sprach von Freiheit. Niemand mehr wußte recht, was das war, in der Welt mit ihren Notverordnungen, Konzentrationslagern, Devisenvorschriften, Schauprozessen und tausenderlei Zwängen. Der Begriff war schon durch allzuviele dialektische Filter gepreßt worden.« Sie scheitert an ihrem großbürgerlichen, tschechoslowakischen Bruder, dessen bis zur Selbstpreisgabe gehenden Staatskonformismus und politische Neutralität sie so verabscheut, daß ihre letzte Familienbindung dabei zu Bruch geht. Sie scheitert an sich selbst, indem sie dem Verlust der Zugehörigkeit und Sicherheit einer doktrinären Weltanschauung kein standhaltendes neues Modell einer Weltanschauung entgegenhalten kann. Ihr Wesen hat den transitorischen Zug des Exils angenommen. Zwischen der Flucht aus Deutschland im Herbst 1934 und dem Frühjahr 1936, der Ausweisung aus der Tschechoslowakei wegen unerlaubter politischer Betätigung, vollzieht sich der sukzessive Abbau aller Sicherheiten, den sie im Potentialis »Man müßte Ordnung machen« immer wieder aufzuhalten versucht. Am Schluß des Romans starrt Hanna ratlos in die Weite. Was sie sieht, ist nicht nur ihr eigenes Schicksal, sondern das schaurige Panorama einer unendlichen Entwurzelungsmechanik: »Sie sah über die Landstraßen der Welt einen endlosen Zug von Männern, Frauen und Kindern gehen, mit schleppenden Füßen, mit nichts als einem Rucksack auf dem Rücken, aus einem Land ins andere Land, ein grauer Zug, Ungarn, Italiener, Bulgaren, Polen, Jugoslawen, Deutsche, Österreicher … Sie sah sie über die Straßen schleichen, in den Städten herumirren, auf der Suche nach einer Stätte, wo sie bleiben könnten. Ab und zu fiel einer um, ein Zug fuhr über ihn hinweg, und die Schar der Heimatlosen wanderte weiter, durch die Städte, und hinaus auf die Landstraßen, und nirgendwo fanden sie Ruhe, einzelne Ausläufer des grauen Heeres verloren sich

in den Durstwüsten Arabiens und in den Urwäldern von Brasilien ...«
Im Gegensatz zu ihrer Protagonistin verläßt Alice Rühle-Gerstel
gemeinsam mit ihrem Mann Deutschland. Kurz nach ihrer Emigra-
tion plündert die SA ihr Haus, zerstört das Archiv und die Bibliothek.
Die nationalsozialistische Presse erblickt in dem Ehepaar die Ver-
bindung des jüdischen und marxistischen Weltzerstörungskomplotts.
In ihrer Heimatstadt Prag beginnt Alice Rühle-Gerstel, mittellose
Exilierte zu unterstützen. Ihr Bruder, der die Möbeldynastie des
Vaters erfolgreich weitergeführt hat, hilft ihr dabei gelegentlich. Im
November 1935 übersiedelt das Paar nach Mexiko, wo Otto Rühle
für das Unterrichtsministerium ein sozialistisches Erziehungsprogramm
ausarbeiten soll. Bald beginnt dort die Beziehung zu Trotzki, die Alice
Rühle-Gerstel in einem Tagebuch nachzeichnet. Nachdem Otto
Rühle, nun auch von Trotzki als Abweichler bezeichnet, den russischen Revolutionär als »allerärgsten Stalinisten« tituliert hat, reißt
bald auch dieser Kontakt ab. Telefonisch verabschiedet sich Trotzki
von Alice Rühle-Gerstel: »Machen Sie sich keine Sorgen, wir sind als
gute Freunde geschieden.« (*Kein Gedicht für Trotzki, Tagebuchaufzeichnungen aus Mexico*)
In den letzten Lebensjahren nimmt die Isolierung zu. Alice Rühle-
Gerstel übersetzt Opernlibretti, Gedichte und Kurzgeschichten. In
ihren letzten Aufzeichnungen leuchtet das utopische Licht ihrer großen
psychologischen und soziologischen Studien nicht mehr. Nur eine
leichte Hoffnung wölbt sich noch über dem pessimistischen Welt-
horizont. Nicht lange vor ihrem Freitod notiert sie: »Gern würden
wir noch erleben, was nach dem Kriege wird [...] Ich glaube, Europa
wird endgültig zugrunde gehen, da ich eine dauernde Lösung [...]
auch im Sozialismus – und wann kommt der? – nicht voraussehe.«

DIE KUNST, DURCH DIE ZEITEN ZU FALLEN

Über Willy Haas

Pity the world, or else this glutton be,
To eat the world's due, by the grave and thee
William Shakespeare, *Sonnet I*

Die letzten Worte aus Willy Haas' berühmtem Essayband *Gestalten*, 1930 erschienen, lauten: »Sein ganzes Leben im Auszug – in einem nicht näher errechenbaren Auszug – einsetzen können gegen irgendein kleines Detail dieser Welt: Das, und nichts anderes, heißt ›denken‹. Anders hat auch der konsequenteste Materialist nicht ›gedacht‹, nicht ›geschlossen‹.«

Walter Benjamin sprach davon, daß diese tiefe Definition vom Bewußtseinszustand eines Stürzenden ausgehe, der nach atemberaubendem Fall wieder auf festen Füßen stehe. Den Essayisten Haas versteht Benjamin als theologischen Interpreten in der Tradition Burkes oder de Maistrés. Allein die hohe Kunst, fallen zu können, bewahre den Essayisten davor, in dem Luftraum der katholischen Verschlingungen von These und Antithese sich zu verlieren. Tatsächlich legte Haas seinen Essays immer wieder theologische, oft scholastische Kategorien zugrunde. Einer seiner bedeutendsten Ansätze heißt *Die Theologie im Kriminalroman*. Darin weist er genau die Genealogie von seltsamen Säkularisaten wie die detektivische Enthüllungspraxis oder die Halbwelt der Schurken aus der Disputationspraxis und den Fegefeuerkonstruktionen nach.

Was gibt uns der Kriminalroman? Er gibt uns »eine metaphysisch genau geordnete, gestufte Welt«, jeder ist darin funktionell an seinem Platze. Logisch ist die Welt dort. Es gibt keine Wirkungen ohne angebbare Ursachen. Noch die Semantik des höllischen Chaos' weist orientierende Wegmarken auf. Kriminalromane, sagt Haas, sind populär in Zeiten des sinkenden Glaubens, der schwindenden Sicherheit, des drohenden Chaos, einer noch unsichtbaren, neu entstehenden Ordnung. Das Mittelalter habe deshalb diese Gattung nicht gekannt.

Daß das Theologische in unserer Welt sich nur noch in Chiffren äußern kann, daß in solchen Chiffren unterirdische Glaubenskategorien überwintern, ist von Anfang an die Überzeugung von Willy Haas. Allein in den äußersten mechanischen Grenzerregungen der menschlichen Sinnesorgane offenbart sich das Numinose wieder rein und unbefrachtet von den Ablenkungen der Jahrhunderte. Plötzlich erscheint – wie in der berühmten Schlachthausepisode in Döblins *Berlin Alexanderplatz* – das elementare psychische Urmotiv des Dualismus von Körper und Seele im Ausdruck der Religiosität. »Was hört einer, der Beethovens Fidelioarie hört?«, fragt Haas. »Er hört ›alle Engel im Himmel singen‹. Und was hört ein Lamm, das vor dem Schlachten einen Schlag auf die Stirn bekommt? Es hört alle Engel im Himmel singen.« Willy Haas' Werk ist voll von solchen Analogien. Sie sind die Fluchtpunkte auf einem Weg, der im Ganzen durch Wechsel, Interessenverlagerungen, Enttäuschungen und der stetigen Suche nach geistigen Sicherheiten, durch permanentes Fallen also, gekennzeichnet ist. Willy Haas hat sich immer im Spannungsfeld von poetischem Einfall und kritischem Ausdruck, philosophischer Erkenntnis und ästhetischer Metaphorik bewegt. Um von der Eigenart dieses kritischen Menschen einen Eindruck zu vermitteln, mag es richtig sein, das Porträt zu verwenden, das sein einziger wirklicher Freund, der alte Schulkamerad Franz Werfel von ihm gezeichnet hat. In dessen philosophisch-utopischem Reiseroman *Der Stern der Ungeborenen* tritt Haas als »Wiedergeborener« auf, der, zum Cicerone gemacht, dem ins Jahr einhunderttausenddreiundvierzig herbeizitierten F. W. die nunmehr astromentale Kulturstufe der Menschheit erklärt. Kaum findet sich ein treffenderes Bild des Essayisten Willy Haas, im Roman B. H. genannt, der als ewiger Apologet des Neuen auftritt: »Dies aber war nur die eine Seite seines nervösen Eifers, denn nicht minder brannte er darauf, mich, den alten Jugendgefährten, den Zech- und Diskussionskumpan verrauschter Nächte bis in den Morgen hinein, von der Höherwertigkeit einer Welt zu überzeugen, in die er mich unversehens aus der Todesnacht gelockt, zitiert und eingeführt hatte. Das war mir nicht neu an ihm. Wie oft hatten in den Gesprächen unserer Tage seine Augen mich gebeten, seinen Göttern zu dienen, das heißt eine Lehre, ein Buch, ein Bild, einen Autor, eine Musik, für die er schwärmte, selbst für einen Gipfel zu halten und zu erklären.« Schließlich gibt der Erzähler im Bild seines Freundes das Bild des geistigen Menschen schlechthin: »B.H.s, des Wiedergeborenen, Sinnen und Trachten mußte ja dahingehen, der gegenwärtigen Epoche und menschlichen Gesellschaft ungeteilt anzugehören. Es war dies freilich ein Sinnen und Trachten, das niemals voll sein Ziel erreichen konnte. Kein Wiedergeborener konnte ja einer bestimmten Gegenwart ganz und angehören. Ich verstand plötzlich das Problem noch tiefer. B. H. war der geistige Mensch in Person. Was aber ist der geistige Mensch anders als einer, der durch mehrere Wiedergeburten hindurchgegangen ist? Der geistige Mensch kann daher in keinem Zeitalter wirklich zu Hause sein, und will er sich nur halbwegs einrichten, ist er gezwungen, Zugehörigkeit zur jeweiligen Menschheit zu simulieren.« (Franz Werfel, *Der Stern der Ungeborenen*)

Der geistige Mensch oder die Kunst, durch die Zeiten fallen zu können: Das kommt hier auf das gleiche hinaus. In der Apotheotisierung des Geistes sah Haas die conditio sine qua non der menschlichen Existenz, deren Wesen – wie es in dem 1923 erschienenen Aufsatz *Zur Biographie der Koexistenzidee* heißt – keineswegs mit dem Begriff des Individuums zusammenfalle. Der Begriff der Existenz selbst wird dort aus der rationalen Idee begriffen. Der Aufsatz gibt eine Revision des durch den Chauvinismus des Weltkrieges geschaffenen status quo, die man als bewußte Gegenposition zur Konstruktion einer »machtgeschützten Innerlichkeit« in den *Betrachtungen eines Unpolitischen* von Thomas Mann begreifen sollte. Wo, so fragt sich Haas, soll der Grundstein eines neuen Kosmopolitismus gelegt werden? Er geht zunächst von dem Grundantagonismus zwischen dem »Ich bin« (d.i. der in der biblischen Schöpfungsgeschichte bezeichnete Augenblick des Erwachens, da »Adam sah, daß er nackt sei«) und dem verantwortungsethischen »Wir sind« aus und gelangt dabei zu einer reinen Bestimmung der Koexistenz als Ausdruck der geistigen Kraft. Dabei fällt dem Individualismus der Part fermentöser Destruktion zu. Noch in diesen abstrakten Überlegungen schlägt das Weltverbrüderungspathos der Prager Jugend, der geliebte Demokratismus Walt Whitmans und die Hingabe des Besonderen an das Ganze aus dem Werfel'schen Frühwerk durch.

»Das seelische Phänomen des ›Ich-bin‹ reiht die abstrakte Idee noch als dienende Erkenntnis ein; das Phänomen des ›Wir-sind‹ aber wird schon Herrin über alles Bestehende; oder: Die Idee der Existenz ist bloß eine neue Erkenntniswaffe im Kampfe gegen die Nichtexistenz; die Idee der Koexistenz aber behauptet ihre Realität über der Realität von allem außer ihr Existierenden. Die Idee der Koexistenz ist nämlich keine gewöhnliche Idee; sie ist die Idee kat' exochen, die Idee der Idee. Sie ist ja das Spiegelbild der Abstraktion, der Vorgang der Abstraktion, Ideenwerdung an sich: Denn Ideenwerdung ist doch gerade eben Koexistenz der Individuen zum Zweck der Synthese des Gleichen, den verschiedenen Individuen Gemeinsamen, und der Abstoßung des den Individuen individuell Eigenen; kurz: Sie ist Entindividualisierung durch Koexistenz.«

Damit erweist sich die Idee der Koexistenz freilich zugleich als Verzicht auf schrankenlose Selbstverwirklichung. Dieser Verzicht läßt sich bereits in den frühesten Arbeiten des Essayisten erkennen. Von Anfang an war Willy Haas hauptsächlich Verkünder anderer Menschen. Er hat sein eigenes Leben als Fragment und sein umfangreiches Schaffen als »kleines Lebenswerk« bezeichnet. Wer etwas von ihm selbst wissen wolle, der solle seine Aufsätze über Calderon, Hofmannsthal, Kafka, Maupassant oder Tolstoi lesen. Diese spiegelten, schreibt er 1960, »sein Leben besser und unmittelbarer [...] als jedes persönliche Selbstbekenntnis es vermöchte«. (W. Haas, *Fragmente eines Lebens*) Auch seine Autobiographie, die 1957 erschienenen Erinnerungen *Die Literarische Welt*, gibt zuvörderst ein großes Panorama der geistigen Koexistenz und in zweiter Linie erst Spuren des privaten Lebens.

Haas wurde am 7. Juni 1891 in Prag geboren. Das ansehnliche Patrizierhaus am Fleischmarktplatz trug den Namen *Zum schwarzen Lamm*. Haas' sephardische Vorfahren gelangten im 17. Jahrhundert nach Mähren. Der Vater, Gustav Haas, ein angesehener Advokat, war führendes Mitglied der Prager B'nai B'rith Loge, einem offiziellen Humanitätsverein, der es sich zur Aufgabe machte, den geistigen und sittlichen Charakter des Judentums zu bewahren, Wissenschaft und Kunst zu fördern, die Krankenversorgung zu unterstützen und Fonds für die überlebenden Opfer der antisemitischen Pogrome in Rußland aufzutreiben. Wie Werfel wuchs der kleine Willy Haas in der Obhut tschechischer Kinderfrauen auf, wurde in einem großen weißen Kinderwagen durch den sagenumwobenen Stadtpark gefahren, erlebte die barocke Katholizität der Stadt aus erster Hand. Mit sechs Jahren wurde er auf die Piaristenschule in der Herrengasse geschickt, wohin zuvor Fritz Mauthner und Rainer Maria Rilke und zugleich mit ihm auch Franz Werfel manches lange Kinderjahr den Schultornister mit dem klappernden Pennal trugen, um von den durchaus liberal gesinnten Kuttenmännern belehrt zu werden und gelegentlich das Kaiserlied zu plärren. Die im Gegensatz zum Vater geliebte Mutter war mondän und distanziert. »Ich habe meine kühle Mutter in meiner Kindheit nur drei- oder viermal weinen gehört, und jedesmal war es von großer Bedeutung. Es geschah immer am Frühstückstisch, über die Zeitungen weg.« Mit seinem Vornamen war Haas höchst unzufrieden. Willy: Das sei ein Name für einen Buben, aber doch für keinen erwachsenen Mann, wettert noch der Sechzigjährige in einem unter dem bezeichnenden Pseudoym *Caliban* veröffentlichten Artikel in der Hamburger Welt: »Willy wurde in der Blütezeit des Liberalismus geboren, als Juden, in ihrer ganzen tragischen Liebe zum deutschen Volk alte, deutsche und womöglich altgermanische Vornamen gaben. Siegfried, Siegmund, Trude, Bertha, Hertha bekamen so beinahe den ephemeren Charakter von jüdischen Vornamen.« (*Calibans Panoptikum*) Deutsche und Juden, erinnert sich Haas in der Autobiographie, seien für das damalige tschechische Prag fast identisch gewesen, zumindest in ihrer Qualifikation als Haßobjekte. Schon beizeiten beobachtete der Schüler kritisch den hypertrophen Nationalitäten- und Sprachenzwist, an dem die Donaumonarchie – die Haas im Gegensatz zu seinen Freunden später niemals mythisierte – letztendlich zu Grunde ging: »Die Juden sprachen Deutsch und waren österreichische Patrioten, und das war auch mein Vater, wenn er politisch überhaupt irgend etwas war. Die höhere Beamtenschaft sprach ein völlig denaturalisiertes, steriles und groteskes k.u.k. Tschechisch-Deutsch. Die Adeligen in ihren geheimnisvollen, riesigen Barockpalästen auf der Kleinseite sprachen Französisch und gehörten keiner Nation an, sondern dem Heiligen Römischen Reich, das es seit fast einem Jahrhundert nicht mehr gab. Meine Amme, mein Kindermädchen, die Köchin, das Stubenmädchen sprachen Tschechisch, und ich sprach Tschechisch mit ihnen.«

Bereits auf dem Stephansgymnasium, zu dessen Schülern auch Paul Kornfeld, Franz Werfel, Max Brod, Ernst Deutsch und die Brüder Janowitz gehörten, wurden die betont deutsch-nationalen Klassenkameraden ob ihrer chauvinistischen Eindimensionalität belächelt. Der bewußte Kosmopolitismus der Freunde Kafka, Brod, Haas und Werfel begann mit ihrer Liebe zur tschechischen Kultur, die sie lebenslang bewahrten. Daß es 1910 zur Gründung eines unter der Schirmherrschaft der B'nai B'rith Loge stehenden *Herder-Vereins* mit einem Hausblatt, den *Herder-Blättern*, kam, verdankte sich nicht nur dem Interesse des ostpreußischen Predigers an der hebräischen Poesie, sondern auch dessen Lobpreisungen Böhmens und des tschechischen Philosophen Jan Amos Komensky. Mit einer unfruchtbaren Insel mitten in

stürmischer See verglich Haas die anachronistische Isolationstradition der deutschen Minorität. Unbekannt waren dieser die Erzählungen der Božena Němcová oder des Jan Neruda, die Lyrik Karel Jaromir Erbens, Otokar Březinas oder Petr Bezručs: »Wir suchten Anschluß an die intellektuellen Tschechen Prags und fanden ihn.« (W. Haas, *Die zwanziger Jahre*, in: *Erlebte Zeiten*, hg. v. Manfred Franke). Zum ersten- und zum letztenmal, für einen sehr kurzen historischen Augenblick, kommt es zur Verabschiedung des Luftmenschentums, zur einzig geglückten Assimilation, zum Gefühl der Heimat: »Unsere tschechischen Freundinnen liebten und sangen tschechische Volkslieder und lehrten sie uns. Wir begannen wieder tschechisch zu sprechen, wie einst als Kinder. Wir atmeten freier, unbefangener als vorher. Wir fühlten festen Boden unter unseren Füßen – wir hingen nicht mehr in der Luft der gesellschaftlichen Illusionen wie unsere Mütter und Väter. Wir wußten nun – und auch die humansten, liberalsten unserer tschechischen Freunde und Freundinnen sagten es uns: daß das alte Österreich in Prag, in Böhmen leider ausgespielt hatte.« (*Die Literarische Welt*)
Die von Haas und Norbert Eisler herausgegebenen *Herder-Blätter*, zwischen 1911 und 1912 erschienen, brachten es immerhin auf fünf Nummern. Viele ihrer Autoren, ironisch die »Allerjüngsten« genannt, wurden später weltberühmt. Es schrieben dort Oskar Baum, Max Brod, Franz und Hans Janowitz, Franz Kafka und Franz Werfel, Max Mell und Ernst Popper, der schon bekannte Franz Blei, Berthold Viertel, Ernst Blass u.a. Zusätzlich veranstaltete der Verein regelmäßig Vorlesungen und Vorträge. »Ich besitze«, erinnerte sich Haas 1960, als eine Faksimile-Ausgabe der Blätter zu seinem 70. Geburtstag herauskam, »noch heute eine Postkarte von Franz Kafka, in der er mir die Vorlesung einer Erzählung im *Herderverein* zusagte (vermutlich *Die Verwandlung*) und mich fragte, ob ein Straßenanzug genüge oder Smoking gewünscht werde. Im Postskriptum fügt er hinzu: ›Überflüssige Frage – ich besitze keinen‹.«
Unter den zu Lesungen eingeladenen Gästen befand sich auch Hugo von Hofmannsthal. Haas' geradezu fanatische Verehrung des österreichischen Dichters sollte ein Leben lang währen. Auch Brod erinnert sich, wie er und Kafka es aus Verehrung für Hofmannsthal nicht wagten, auch nur den Mund in dessen Gegenwart zu öffnen.
Gleich in der ersten Nummer der *Herder-Blätter* findet sich ein Vortrag mit dem Titel *Rationalistische und transzendente Morallehre*, der größtes Interesse verdient. Haas fragt nach dem archimedischen

Punkt, dem Moralmaß, das es überhaupt ermögliche, an eine Definition ethischen Bewußtseins zu gelangen. Offensichtlich ist, daß sowohl eine intensive Lektüre der moralphilosophischen Schriften Kants als auch eine Beschäftigung mit Hermann Cohens *Ethik des reinen Willens* vorausgegangen sind. Ohne Cohen zu erwähnen, wird dessen Nachweis der Abhängigkeit der kantianischen Ethik von der Ethik des Pentateuch bei Haas variiert. Die Kategorien, die er in dieser frühen Arbeit entwickelt, sind allein schon deshalb bedeutsam, weil sie ihn bis zu seinem Tode niemals mehr loslassen sollten. Das gilt vor allem für den Begriff der »Wurzellosigkeit«, der hier symptomatologisch untersucht und als Grundelement der jüdischen Morallehre zugeschlagen wird. Eine merkwürdige Genealogie der ahasverischen Existenz findet sich, der zunächst der Begriff der »Liebe« vorausgestellt wird. Deren transzendenter Charakter – sei es die kosmische Liebe Goethes, die ekstatische des Franziskus von Assisi oder die wild-unberechenbare des großen Idols Walt Whitman – ist stets zugleich unmittelbar. Ihr gehe, so Haas, jene teleologische Rationalität ab, die als »immanente Ethik« die jüdische Morallehre bezeichne. An diesem Punkt kommt er zur Bestimmung der »Wurzellosigkeit«. Stets passieren die Handlungen des Wurzellosen die Reflexionsstufe. Fehlende Unmittelbarkeit ist das Stigma aller rationalistischen Teleologie. Ihre äußerste Annäherung an die Unmittelbarkeit ist die Hoffnung. Ihr absoluter Gegensatz ist die Lehre von der Bedeutungslosigkeit der irdischen Existenz überhaupt. Haas sieht empathisch im modernen Judentum die Möglichkeit der Überwindung dieser Polarität. Es habe, »soweit es nicht getauft ist, unwillkürlich transzendente Element in seine Morallehre aufgenommen«. Es sei endlich der Bedrückung der durch den überentwickelten Rationalismus zustandegekommenen Spaltung von Intellektualität und Sinnlichkeit überdrüssig geworden. Damit aber dränge es aus seiner durch Providenz legitimierten Isolation heraus. Auch hier schlägt die Weltfreundeeuphorie der jungen Prager Expressionistengeneration durch. Aus der ethischen und ästhetischen Indifferenz des Wurzellosen, aus seiner monadischen Exklusivität, gelangt man durch die Öffnung zur Außenwelt. »Der Wurzellose ist das imaginäre und indifferente Zentrum seiner Aktionen und Impressionen; er unterscheidet sich von anderen Menschen durch die Nichtexistenz eines ursprünglichen Bindegliedes zwischen diesen Eindrücken und jenen nach außen wirkenden Taten.« Auf das poetische Schaffen übertragen bedeutet diese Zuweisung die genuine Milieuverhaftung beim

Wurzelhaften und die Milieuproduktion beim Wurzellosen. Haas schreibt: »Heine, der Wurzellose, trifft den Volkston, Eichendorff hat ihn.« Damit sei freilich, was die eigentliche, die ethische Größe betrifft, nichts Disqualifizierendes über den »Wurzellosen« gesagt. Im Gegenteil! Die Wurzellosen – Haas rechnet neben dem geliebten Hofmannsthal auch Flaubert und die chinesische Lyrik dazu – geben gerade in der Reproduktion das größte Maß an Aufrichtigkeit. Gerade der Wurzellose opfert sich der Kunst. Er hat nicht wie der Wurzelhafte neben oder über ihr noch das Leben als tröstendes Korrektiv. Lügt er nur einmal, so verrät er alles, was er besitzt.

War es zunächst Karl Kraus, der für die neu gefundene jüdische Unmittelbarkeit paradigmatisch sein sollte, so ändert sich das bald schon. Zwischen der ersten Lesung des umjubelten Satirikers in Prag am 12. Dezember 1910 und Haas' Lobrede auf ihn im *Brenner* 1913 gibt es Enttäuschungen. Nachdem Kraus in der für ihn typischen, stets den Leib zur Polemik funktionalisierenden Sprache die Prager Dichter verhöhnt hat – »In Prag, wo sie besonders begabt sind und wo jeder, der mit einem aufgewachsen ist, welcher dichtet, auch dichtet und der Kindheitsvirtuose Werfel alle befruchtet, so daß sich dort die Lyriker vermehren wie die Bisamratten« (Karl Kraus, *Die Fackel*, 21. April 1914) – kommt es zum Bruch. Wütender noch als in den Fällen Heine, Schnitzler oder Hofmannsthal fielen die Haßausbrüche von Karl Kraus hier aus, der soweit ging, eigens Leute damit zu beauftragen, Stilblüten in Werfels Romanen ausfindig zu machen, die als repräsentative Auswahl dann in der *Fackel* erschienen. Haas diagnostizierte zunächst bei Kraus einen eindeutigen Fall von jüdischem Selbsthaß: »Das Ghetto-Judentum hatte seine gewonnene Freiheit unter anderem dazu benutzt, um antisemitisch zu werden.« Darüber hinaus vermutete er – und vieles ließe sich hierfür anführen – eine pathologische sadomasochistische Konstitution bei Kraus: »sich durch das Blut des süchtig aufgeschürften Leidens anderer Menschen zeitweilig vom eigenen Leiden, vom Haß gegen sich selbst zu befreien.« Noch in der 1967 erschienenen Kulturgeschichte über die *Belle Epoque* gilt für Haas das Wort vom »jüdischen Antisemitismus«, als er vom Fall des Hauptmanns Dreyfus spricht, dessen grausame Behandlung Karl Kraus allen Ernstes für rechtens erklärt hatte.

1913 erschien im *Brenner* ein Essay über Paul Claudel (*Die Verkündigung und Paul Claudel*), worin der Dichter, der als französischer Konsul in Prag Haas kennengelernt hatte, als »zweiter König des Traums«

direkt neben Hugo von Hofmannsthal gestellt wird. Haas sah in den Bühnenwerken Claudels die Fortsetzung des antiken Dramas. Zugleich erblickte er in Claudels Katholizismus eine Dimension, deren Affinität zum barocken Prag ihm als Komplement der Kafka'schen Topographie galt: »Er war für mich das Gegenstück und die Ergänzung Kafkas: Das Prag Kafkas war das dunkle, dämmerige, obskure, alte Prag, das Prag der deklassierten, nach Leder riechenden Palasthöfe, der Dachböden, Rumpelkammern und der suspekten Veranden, über denen die feuchte Wäsche auf Leinen gehängt war: Hier tagten seine sonderbaren Gerichtshöfe, die über eine undefinierbare, aber sehr konkrete Schuld Gericht abhielten. Claudel aber war das ekstatische Prag über all diesem, das Prag der pathetischen Heiligen und Märtyrer auf der alten steinernen Brücke und in den vielen Barockkirchen, die Stadt des Märtyrerblutes gemischt mit Weihrauch, des wundertätigen Madonnenbildes von Loretto und der nächtlichen Weihnachtsmesse.«

Whitmans Pantheismus, Claudels Mysterienkult, Hofmannsthals Traumwirklichkeit, Werfels Kinderperspektivik und Kafkas Schuldkosmos: Diese modernen Weltkonstruktionen versuchte Haas in den folgenden Jahren zu vermitteln. Nach einem kurzen und abgebrochenen Jurastudium an der Karls-Universität – geplant war die Übernahme der väterlichen Kanzlei – verläßt Haas 1914 Prag, zieht in Werfels und Hasenclevers Leipziger Bude ein und arbeitet als Lektor für den Kurt Wolff Verlag. In Leipzig lernt er Ernst Rowohlt kennen, stürzt sich mit ihm ins Nachtleben, genießt die Freiheit des Bohemiens, ignoriert jedoch keineswegs die immer stärker zutagetretenden Auflösungstendenzen: »Allnächtlich in unserer kleinen, netten Bar verlangten dreimal, viermal fremde Kerle mit Monokel und im engsitzenden Taillenjackett, daß man *Heil dir im Siegerkranz* spiele und singe. Wir erhoben uns nicht. Man maß uns mit fürchterlichen Blicken.« (*Die Literarische Welt*)

Den Weltkrieg erlebte Haas als Offizier in einem tschechischen Bataillon der k.u.k. Armee. Während des militärischen Zusammenbruchs der Donaumonarchie stand er an der italienischen Front, nahm an der siegreichen Endschlacht Italiens bei Vittorio Veneto teil, »die aber nach meinem besten Wissen und Gewissen niemals stattgefunden hat«, und wurde, schon lange ein Verehrer T. G. Masaryks, noch im Herbst 1918 ein begeisterter, treuer Staatsbürger der soeben gegründeten tschechoslowakischen Republik. Er heiratete Jarmila Ambrožová, eine tschechische Übersetzerin, und blieb bis 1921 in

Prag. Dann flüchtete er nach einer unglücklichen, mit dem Freitod einer Freundin endenden Liaison nach Berlin. Für den Geistesmenschen Haas wurde die Stadt sehr schnell zur eigentlichen Heimat. Im Rückblick apostrophiert Haas das Berlin der zwanziger Jahre zum »Glück meines Lebens«. Die schnellebige Dynamik, die »Bereitschaft, schwere Schläge einzustecken – und weiter zu leben«, die Arbeitslust, der Kosmopolitismus vor allem: Begegnungen mit den unterschiedlichsten Menschen faszinieren den späteren Herausgeber der *Literarischen Welt*. Da sind Herwarth Walden, der Futurist Marinetti, eine Nacht im Mansardenzimmer der Else Lasker-Schüler, die Bekanntschaft mit Friedrich Wilhelm Murnau und G. W. Pabst. Berlin wird als grenzenlose Weltmetropole, als brodelnder Kessel voller Talente, voller Experimente, voller Möglichkeiten erfahren. Haas versucht vergeblich den Freund Werfel von der Einzigartigkeit der Stadt zu überzeugen. Dessen Meinung über »das snobistische verstunkene Sports-Kaschemmen-Chicago-Getue der Scheißkerle, die ihr Rimbaudtum zwischen Romanischem Kaffee und Staatstheater austoben«, über Berlin als »Niststätte aller Bolsche- und Amerikanismen« (Werfel an Zech, 1926) aber bleibt unrevidierbar. In einem bisher unveröffentlichten Brief schreibt Haas dem Freund: »Preußen … mein Lieber! Preußen muß man kennenlernen; alles, was darüber von den Preußen selbst gesagt und von oberflächlichen Touristen weiterkolportiert wird, ist das genaue Gegenteil der Wahrheit.« Schnell assimilierte sich Haas, dessen erste Unterkunft in der von Alfred Döblin »Babylon« genannten Stadt gleichsam symbolisch ein Bordell wurde. Nach einer langweiligen Arbeit als Archivar beim *Filmkurier* stellten sich bald die ersten Erfolge als Filmkritiker ein. Arbeiten am Filmszenario von Murnaus *Der brennende Acker*, die Einrichtung von Pabsts *Die freudlose Gasse* als Filmstoff schlossen sich an. Haas prophezeite als erster die spätere Berühmtheit Greta Garbos. Er gehörte zusammen mit seiner Freundin Milena Jesenská auch zu den ersten, die die einzigartige Tragikomik Charlie Chaplins erkannten. Milenas Beobachtung, daß die Verrücktheit der Chaplin'schen Filme eine konsequente, bis zum äußersten geführte, hellsichtige Weltbetrachtung sei, findet sich auch bei Haas. In den 1923 erschienenen Prosaschriften *Das Spiel mit dem Feuer* wird Chaplin zum Revolutionär einer neuen Filmästhetik, welche die Dinge der Welt in ihrer grundlegenden Ambivalenz erscheinen läßt. Chaplin, der ewig verhöhnte Tolpatsch und Schlemihl, ist zugleich die auf die pessimistische Spitze getriebene Inkarnation der Niedertracht. »Er appelliert fast gleichzeitig an unser Mitleid und an unsere Schadenfreude, an unsere Menschlichkeit und an unsere Unmenschlichkeit.« Welche Macht das Kino, »die volkstümlichste aller Künste«, besitzt, sollte Haas freilich erst Jahre später in Indien, dem filmbesessensten Land der Erde, erfahren.

Das *Spiel mit dem Feuer* beweist, daß Haas längst noch nicht die tragischen Erlebnisse der letzten Zeit in Prag verarbeitet hat. Neben dem Hauptthema des Identitätskonfliktes nehmen Reflexionen über den Freitod einen gewichtigen Platz ein. Haas geht, anders als Durkheim, nicht von der sozialen Ursächlichkeit des Selbstmordes sondern von einer genuinen suizidären Disposition aus. Dem Selbstmörder gerät die Welt zum Inbegriff der absoluten Polarität von Leben und Tod. Das Leben des Lebenden und das Leben des Toten wird – ein Paradoxon sondergleichen – verglichen. Ein »Fluidum von Verführung« geht vom Tod als der sicheren Zukunft schlechthin aus. Wie ein zweites Leben steht der Tod neben unserem Leben. Dieses aber wird durch den einmal geplanten Freitod für immer stigmatisiert. Der inkommensurable Zynismus des Selbstmörders stellt eine paranoide Ordnung der Dinge her. Über den potentiellen Selbstmörder heißt es: »Vielleicht war der Entschluß gefaßt und durchgeführt; und, da er einmal diesen Entschluß gefaßt und durchgeführt hat, so kann ihm kein Entschluß mehr schwer fallen oder ihn erregen oder ihm imponieren, denn jeder andere Entschluß ist ja doch geringer als dieser, denn der Sprung ins ganz Ungewisse bleibt ja doch der größte Entschluß. Sagen Sie dem Selbstmörder, er soll ins Trommelfeuer gehen, nein, noch schlimmer: Er soll seiner Angebeteten ein Geständnis seiner Liebe machen – er wird nicht einmal ironisch lächeln, nein sein Gesicht wird völlig unbewegt bleiben. Er hat etwas erlebt, vielleicht etwas Angenehmes, vielleicht etwas Unangenehmes; aber auf alle Fälle: Er hat das größte Erlebnis gehabt, das man haben kann, er hat nämlich das Ende des Lebens erlebt. Ihn wird kein Erlebnis mehr erschüttern. Lassen Sie seine Angebetete vor ihm niederknien und ihm ihre Liebe gestehen: Glauben Sie, sein Herz wird noch klopfen? Er ist von einer untadeligen Überlegenheit, von einer restlosen Nüchternheit, von einer entzückenden Undurchdringlichkeit, fabelhaft chic, extra dry.« Der Selbstmordentschluß paralysiert das Ethos. Im Wunsch zur Selbstauslöschung steckt potentiell das Bedürfnis des allgemeinen Untergangs. Der Selbstmörder – ein subjektiver Idealist par excellence – will die Welt in seinen Sturz mithineinreißen. Die Suspension der

Verantwortung ist totalitär. Deshalb präsentiert sich im Selbstmörder der Prototyp des Zynikers. Haas wählt, um dies zu veranschaulichen, ein prominentes Beispiel: Goethe, der mit der ästhetischen Archäologie des Suizidwunsches deren praktische Auswirkungen in der Realität zu verantworten habe. Goethe wird zum Verführer jener, die allemal vom Tode geblendet sind. Das Protokoll seines individuellen Selbstmordentschlusses, *Werthers Leiden*, sei zugleich die Geburt einer unmenschlich kosmischen Naturmacht, die geplante Verbreitung der infektiösen Krankheit mit dem Namen »Wertherfieber« gewesen. Unter dem Titel des »übermenschlichen Selbstmörders« wird von der infamen Behandlung Lenzens bis zum Freitod Kleists Goethe zum dämonischen Verführer kat' exochen.

Den Selbstmord aus Liebe begleitet eine verzwickte Dialektik. Niemals, sagt Haas, habe es so etwas gegeben, ohne daß der, für den gestorben wird, es nicht in seinem Inneren so gewollt habe, »in tief unterbewußter Eitelkeit«, »in dem Wunsch, den Wert seines Ich durch den unwiderleglichsten aller Beweise bestätigt zu finden, daß ein Anderer unter den betäubenden Ausstrahlungen dieses Ich sein eigenes Ich wie ein schales Nichts weggeworfen hat.« In der Metaphorik des monotonen Großstadtpulses drückt Haas den unendlichen Gegensatz von singulärem Leid und objektiver Indifferenz aus. Der Gerichtstag findet im Herzen der Stadt, der Hure Babylon, statt. »Die Schuld der Welt ist die größte. Warum jagen und rennen wir, warum trinken und schreien und debattieren wir, warum sitzen wir in den Bars und Kaffeehäusern und Theatern, warum haben wir solche Gedanken, die ein bißchen auffunkeln und gleich wieder verlöschen, warum legen wir uns lustlos mit Mädchen ins Bett und stehen lustlos wieder auf; warum drehen wir diese rotierende Scheibe im rasenden Tempo, keuchend, atemlos, ohne Pause, wenn wir auf ihr nicht einmal einen verzweifelten Menschen sofort kilometerweit von der Stelle seiner Verzweiflung wegschleudern können! Es wäre der einzige Sinn dieser Sinnlosigkeit. Ich möchte jeden, der den Kurfürstendamm hinabrast, aufhalten. Ich möchte jeden, der in den Bars sitzt, an den Schultern packen, jeden, der auf der Börse schreit, jeden, der in Filmateliers herumtobt: ›Herr, es nützt nichts, es nützt nichts! Es hat sich trotzdem ein Mädchen aus Verzweiflung ermordet! Setzen Sie sich! Sie haben Ihre Aufgabe schlecht gemacht!‹«

Der Problematik jüdischer Identität geht Haas im dritten Teil des Buches, *Glaube, Tradition, Dichtung* nach. Dort werden Hofmannsthal als Dichter des ahasverischen Problemkreises und Rudolf Borchardt als Exponent einer poetischen Morphologie des Selbsthasses betrachtet. Im Borchardt-Aufsatz gibt Haas die Psychologie des Apostaten. Borchardts Diktum, daß es das Recht der Welt sei, vergessen zu dürfen, aber die Pflicht des Poeten bleiben müsse, zu gedenken, wird gegen ihn selbst gewendet. Haas zitiert aus Borchardts Lyrik den Vers: »Was frommen lichte Augen, / Wenn die Seele verwelschet / Und ihren Sinn verfälschet.« Was, fragt Haas, bringt diesen mittelhochdeutschen Berliner Juden zu solcher Sicht? Borchardt, der selbsternannte Bewahrer des Hergekommenen, habe hier sein Hergekommenes zu allerletzt bewahrt. Später, in dem 1925 anläßlich einer Totenfeier für Franz Kafka geschriebenen Aufsatz über den »Unvergessenen«, wird Borchardt das wahrhaftige Modell eines »Erinnerungsvirtuosen« entgegengestellt. Otto Weiningers Bestimmung des Gedächtnisses als der primären Kategorie der Ethik sei an Kafkas Person und Werk beweisbar.

Der Essay *Der ahasverische Problemkreis* schließlich geht der Dialektik von eschatologischem Prozeß und zunehmender Desolatheit nach. Der sich selbst als nackt erkennende Mensch der Schöpfungsgeschichte bezeichnet den Beginn der Angst, die eine gegenseitige ist. Der jahwistische Blick und der Blick Adams gehören zusammen. Der Augenblick der erwachenden Subjektivität und der Augenblick grenzenloser Desolatheit sind ungeschieden. »Sich nackt sehen« bedeutet sich verdoppeln, zum Ebenbild zu werden. Die Topographie dieser bespiegelnden Objektivation aber kennt keine Exterritorialität mehr. Nichts Äußeres bleibt unverwandelt. Alles wird in den Bann einer zum Kosmos ausgeweiteten Individualität gezogen. »Das mythische Bild von Prometheus sagt, daß er ›Menschen schuf nach seinem Ebenbilde‹, gegen die Götter. Mit jener Großartigkeit des mythischen Bildes, das immer und überall mehr sagt als Worte, ist hier der dem ersten immanente letzte Schritt bezeichnet. ›Sich nackt sehen‹, sich nackt vor sich selbst zu sehen, bedeutet sich *verdoppeln*; ›den Menschen nach seinem Ebenbilde formen‹: dasselbe gesagt, nur mit dem großen Einblick in die reflektorischen und reaktiven Beziehungen von außen und innen, Wissen und Realität. Aber indem Adam ›sich selbst wußte‹, indem er sich selbst zum zweiten Male geschaffen war, war das Paradies zum zweiten Male geschaffen. Und das ist der Horizont des Erwachenden: von Paradies zu Paradies.

Aber die Sekunde *nach* diesem Entschluß, *nach* diesem Erwachen: Die Geburt der Angst. *Denn nun war er plötzlich wieder blind*, fast blind.

Nur dieses allerkleinste Stück sah er: sich selbst, und daß er ›nackt‹ war.«

Die Nacktheit bedingt und begleitet die Entstehung der Differenz von Gut und Böse. Damit wird die geschaffene Natur erst Ort des Dämonischen. Aber auch die Erkenntnis von Gut und Böse, die kognitive Kapazität also, gehört zum Sündenfall. Im Begriff des »Sündenfalls« schon liegt der »Mut zum Paradox«. Hier setzt die Genealogie des jüdischen Selbstbewußtseins ein. Im Begriff des Sündenfalls sei »das erste Paradox jener ersten jüdischen Ecclesia geschaffen, deren Ethik absolute Willenfreiheit *voraussetzt* und gleichzeitig als den Begriff des Bösen *verwirft*«. Ein Widerspruch, eine ursächliche Antinomie, stehe am Anfang des eschatologischen Prozesses. Die Antinomie aufrecht zu erhalten, als Frage bestehen und als Ferment wirken zu lassen, sei das Verdienst der jüdischen Geschichte. Israel habe »nicht nur die Angst Adams in seiner Heiligen Schrift aufgezeichnet, sondern auch die Angst Jahwes«. Israel habe immer nur die provisorischen Antworten gegeben, die die Welt jeweils zur unmittelbaren Existenz benötigte. Die Beschaffenheit dieser provisorischen Antworten aber – und hier zeigt sich eine große Nähe zu Kafkas Türhüter-Parabel – sei nie so gewesen, daß das Bewußtsein der stets noch lastenden Grundfrage davon erdrückt worden sei.

Das christliche Paradox, die Antinomie von Ewigkeit und Zeitlichkeit, ist die Fortsetzung des alten Paradoxons, wiederum aus dem Geist des Judentums, und wiederum sei auch hier die Entscheidung vertagt, nach der Naherwartung der ersten Zeit eine »Lüge« geschaffen worden, die sich um jeden Preis als Wahrheit bestätigen mußte: »Das christliche Paradox: die prometheische ›Erlösung‹, die Neuschöpfung des Paradieses durch das bloß imaginäre Jenseits.« Dieser neuen provisorischen Idee aber habe sich das Judentum zu stellen: »Und der einzige Dichter dieser geistigen und sozialen Schicksals-Diaspora scheint mir Hofmannsthal zu sein«, schreibt Haas und fährt fort: »Hofmannsthal hat jedes seiner Werke dem Nichts abringen müssen, jener absoluten Verneinung, die das Gebot der Provisorität allem Endgültigen, also auch der dichterischen Form, entgegenzusetzen hat. Sein Produktives ist eine Aufhebung, eine Selbst-Aufhebung; sein Vorrang der dichterischen Weltschöpfung ist der katastrophale, nicht der evolutionäre: Auch hierin, wie in vielem Anderen, unterscheidet er sich wesentlich von Goethe, als dessen Epigone er oft bezeichnet wird. Er schafft Dichtung, wie das Judentum Religionen schuf: gegen sich selbst, gegen seine Bestimmung, als Sünde. Schon in diesem Punkt ist er repräsentativer Jude.« Unerlöstheit, der das Bewußtsein ihrer Notwendigkeit innewohnt, sei das Schlüsselwort für Hofmannsthals ahasverische Existenzen. Eine exponierte Position nimmt die *Elektra* ein. Elektras Erlösung wirkt sich am Ende letal aus. Konstitutiv ist zunächst ihr unerlöster Zustand, »aber diese Unerlöstheit scheint sich mit einer übermenschlich-fatalistischen Kraft, mit jener rätselhaft gesteigerten Kraft, die überall und immer nur dem geistigen Existenzwillen selbst entspringt, gegen irgend eine seltsam nahe, seltsam mögliche Erlösung zu wehren. Ihr Symbol ist die *Elektra*, die bis zum Wahnsinn ihre Unerlöstheit gegen die überall und immer sie umschwebende natürliche und nächste Erlösungsmöglichkeit, die natürliche Erlösungsmöglichkeit der Jungfrau und des Christentums, die Erlösung durch die Liebe, verteidigt (Welche andere Gestalt könnte den Ahasveros in dieser tragischen Schicksalsform vollkommener verkörpern, als die Frondeurin inmitten des Hauskreises, die geächtete, gehaßte, die ihr Schicksal in jeder Minute aufruft, den König dieses Hauses zu ermorden!« Hier trifft Haas zweifellos einen Nerv. Was er sagt, ist nicht von der Hand zu weisen. Hofmannsthals Elektra selbst mit ihrer grausamen Vorstellung einer kosmischen Blutzirkulation und der ewigen Wiederkehr des Gleichen als Wiederkehr der Mordtaten ist eine exzeptionelle Figur der Erlösungsverneinung. Das Blut als Fundamentalsymbol der Immanenz ist – wie in Rosenzweigs *Stern der Erlösung* – zugleich das Symbol der jüdischen Geschichtsteleologie. Angesichts dieser Analogie ist es kaum verwunderlich, daß Haas in Elektra die ahasverische Existenz schlechthin erblickt. Das Paradox, auf die zugespitzte Abbreviatur gebracht, lautet: »Ahasver ist der wandernde Jude und Ahasver ist der ewige Jude.« Die Antinomie von Sein und Werden, in Christus modellhaft zutagetretend, erscheint nahezu spiegelbildlich bei Ahasver. Dessen Fundamentalproblem ist das Wandern als Existenzform: »das Wandern, die Wege, die Begegnungen, sein Gleiten an der Welt vorüber und das Gleiten der Welt an ihm vorüber.« Vor diesem Gleitenden aber stehe das gesamte Werk Hofmannsthals so beschwörend »wie der chinesische Kaiser vor den verschlossenen Toren der Unterwelt, aus der er die Weisheit aller Weisheiten zu holen gedenkt.« Geschichtliche Ewigkeit und ewige Geschichtlichkeit: Diese Paradoxie legt Willy Haas dem Hofmannsthal'schen Werk als ahasverisches Urprinzip zur Grunde. Es ist freilich nicht verwunderlich, daß Hofmannsthal sich wehrte und den Kontakt zu Haas für lange Zeit abbrach.

Der Plan, eine literarische Zeitung herauszugeben, die – ein Desiderat in den zwanziger Jahren und heute wieder – ihre Unabhängigkeit allen ideologischen Vereinnahmungen gegenüber behaupten sollte, wurde gemeinsam mit dem alten Freund Ernst Rowohlt in dessen Verlagsbüro in der Potsdamer Straße gefaßt. Gedacht war zunächst an eine Wochenzeitschrift nach dem Muster der *Nouvelles Littéraires*. Der Maxime des Blattes, gegen jeden Presse-Machiavellismus zu kämpfen, gegen jede Form einer »hinterhältigen, indirekten, routinierten publizistischen Taktik« vorzugehen, entsprach die Idee, den Entscheidungsprozeß dem Leser zu überlassen. Haas sprach vom »Recht, sich nicht jeder Macht, bloß weil sie eine Macht ist, hinzugeben«. Im Frühjahr 1925 erschien die erste Nummer. Der Titel *Die Literarische Welt* stammte vom alten Prager Freund und Rivalen Egon Erwin Kisch. Ernst Rowohlt hatte sich nach menschlich ausgetragenen Differenzen schließlich doch von dem Projekt zurückgezogen. Entscheidend wurde die Zusage des dennoch skeptischen Hugo von Hofmannsthal zur Mitarbeit. »Im Gegensatz zu Hugo von Hofmannsthals Meinung hatte ich schon damals das Gefühl, daß 1925 genau der richtige Zeitpunkt war, eine solche Zeitschrift zu gründen, und daß sich hier wieder einmal der ganz spontane Verlegerinstinkt Rowohlts gezeigt hatte. Der große Sturm dichterischer und künstlerischer Erneuerung, der etwa 1910 begonnen hatte, und durch Namen wie Trakl, Werfel, Else Lasker-Schüler, Hasenclever, Leonhard Frank, Georg Kaiser, Ernst Toller hier, Franz Marc, Kokoschka, Kandinsky, Gruppen wie *Der blaue Reiter* und *Die Brücke* auf der anderen Seite definiert ist – der vulkanische Ausbruch neuer geistiger Feuer und glühender Lavaströme –, war nun, 1925, abgeebbt: Eine Epoche des Hellenismus und Alexandrinismus, der herbstlichen Ernte, war allmählich hereingebrochen. Dafür war ein Umschlagplatz von enormen Ausmaßen wie Berlin genau der richtige Ort und ein Organ wie die *Literarische Welt* genau das richtige Organ. Die beiden paßten gut zusammen. Dieser Tatsache – daß hier ein Phänomen genau zur richtigen Zeit und am richtigen Ort auftauchte – verdankt die *Literarische Welt* ihren unbezweifelbaren repräsentativen Wert, der sich bis zum heutigen Tag bewährt hat – nicht aber irgendeinem besonderen redaktionellen Genie: Es gab eben damals doch, wenn auch nur für wenige Jahre, eine deutsche *Literarische Welt*. Um 1930 bis 1931 schon war wieder fast alles verflogen.« Auf ihrem Höhepunkt wies die *Literarische Welt* ein ungeheures Spektrum auf. Es erschienen dort die frühesten Verse Peter Huchels und die letzten Gedichte Robert Walsers ebenso wie bislang unveröffentlichte Fragmente Marcel Prousts. Konrad Adenauer machte sich 1930 Gedanken über Kultur und Technik. Der Stalinist Johannes R. Becher stellte die Frage: *Was soll mit den Zehn Geboten geschehen?* (1929) Walter Benjamin interviewte unter dem Titel *Soll die Frau am politischen Leben teilnehmen* die französische Schriftstellerin Colette. Ernst Blochs miserables Schulzeugnis wurde abgedruckt. Alfred Döblins und Robert Musils Äußerungen zur Physiologie des dichterischen Schaffens, Feuilletons von Alfred Polgar und Joseph Roth, Paul Valérys Antwort auf die Frage: *Was verdanken Sie dem deutschen Geist?*, Thomas Mann *Worte an die Jugend*, aber auch Richard Huelsenbecks Erinnerung *Von Dada zur Weltordnung* fanden sich in der Zeitung. »Es war mir klar, daß unser Blatt eine große Masse Fakten-Material, zum guten Teil aktuelles, bringen mußte, aber ich wollte es nicht pompös und im Grunde tot hintereinander aufmarschieren lassen wie die großen führenden literarischen Nachrichtenblätter in Paris oder London. Es sollte von innen her Leben bekommen durch eine echte dialektische Gruppierung: Zu einer aktuellen Idee, einem programmatischen Werk, einer neuen Erscheinung der Zeit sollte der Leser immer gleich auch das Gegenstück kennenlernen.«

Nach der großen Wirtschaftskrise am Ende der zwanziger Jahre gingen die hohen Auflagen des Blattes steil bergab. »Finanziell durchaus schlecht gerüstet«, schreibt Haas, »traten wir in die für uns überaus gefährliche Epoche des Nationalsozialismus ein.« Wütende Angriffe der Nazi-Dichter, u.a. Will Vespers, taten das Übrige. Das Blatt mußte verkauft werden. Versuche, es in Prag weiterzuführen, scheiterten.

Die acht Jahre, in denen die *Literarische Welt* erschien, gehörten zu den produktivsten im Leben von Willy Haas, der 1924 nach der Scheidung von seiner ersten Frau die Kommunistin Hanna Waldeck geheiratet hatte. Neben vielen kleineren Arbeiten zu aktuellen Themen entstanden die großen analytischen Essays über Calderon, Maupassant, Tolstoi, Kafka und Hofmannsthal. Deutlich lassen sich gerade in *Calderon oder der Traum vom Theater* Spuren der Mythenexegetik C. G. Jungs nachweisen. Auf dem Grat zwischen Theologie und Psychologie balanciert Haas, wenn er die poetische Weltkonstruktion des spanischen Dramatikers als Reproduktion des Ur-Dualismus von Tag und Nacht her bestimmt, die Dämmerung des Alls mit der Dämmerung des Theaters gleichsetzt und am zentralen Thema des

Todes den Beweggrund aller materiellen Transsubstantiationen nachweist. Eine ganze Theorie des symbolischen Hermetismus findet sich hier. Gegenüber der ursprünglichen Immanenz der chthonischen Symbole in der griechischen Mythologie wird – Haas führt sein großes Ideal, Thomas von Aquin, an – im Christentum die immaterielle Transsubstantiation bestimmend. In der Metapher des Weizenkorns zeigt Haas die Allegorie der Wandlung, die Verbindung des Mysterienspiels mit dem archaischen Modell. »Hier reichen sich zwei große, tragisch fruchtbare Dämmerzeiten der Welt die Hände über viele Jahrhunderte: die mythische Urzeit und das Barock.« (*Fragmente*)

Nach der Machtübernahme durch Hitler flüchtete Haas in seine Heimatstadt. Schon nach wenigen Nummern mußte die dort gegründete Wochenschrift für Literatur, Kultur und Kunst, *Die Welt im Wort*, eingestellt werden. Mitarbeiter waren u.a.: Heinrich Politzer, Walter Benjamin, Otto Stoessl, Max Brod, Thomas Mann und Rudolf Fuchs. Aus seinem Rückblick hört man Haas' Bitterkeit heraus, das inzwischen liebgewonnene Berlin zu verlassen. »Der letzte, eigentliche Entschluß war ziemlich rasch gefaßt. Ich hatte in einer Rede von Goebbels gelesen, daß er gesagt hatte, ›eine arische Hure sei immer noch besser als eine jüdische Mutter‹. Ich selbst hatte eine alte jüdische Mutter in Prag; und ich habe mir gedacht, daß ich unter Menschen, die solche Bübereien dulden und ihnen auch noch zujubeln, nichts zu suchen habe. Die ganze Geschichte des deutschen Antisemitismus im 19. und 20. Jahrhundert zog an mir vorüber, Fichte und der größere Teil der deutschen Romantiker, der Freiherr vom Stein, Jacob Burckhardt, das Haus Wahnfried und die frühe Schrift Wagners über *Das Judentum in der Musik*, das Zentrum des Antisemitismus am Hofe der letzten deutschen Kaiserin mit dem Hofprediger Stoecker an der Spitze, das Haus Förster-Nietzsche, dessen Antisemitismus Nietzsche selbst mit solchem Abscheu erfüllt hat. Ich sagte mir, daß mir dieses Land niemals zu einer zweiten Heimat werden würde, und daß ich abreisen sollte – je eher desto besser.«

Die Jahre zwischen 1933 und 1938 stehen ganz im Zeichen der Auseinandersetzung mit dem kollektiven Haßsyndrom. Wie Werfel, der beim Anhören einer Hitler-Rede verkündete: »Das ist der Teufel«, gab sich Haas mit den unzähligen soziologischen, psychologischen und ökonomischen Erklärungen des barbarischen Phänomens nicht zufrieden. Noch mehr als dreißig Jahre später hielt er, nachdem er in Joseph Görres *Christlicher Mystik* den Obskurantismus als Bestandteil auch der szientifischen Rationalität erkannt hatte, an dieser dämonologischen Bestimmung fest: »Aber wer an der geistigen Wirklichkeit des Teufels und der Hölle zweifelt, wie wird dieser jemals Hitler und seine Epoche wirklich verstehen können?« (*Die Belle Epoque*) In einem Brief wurde er noch deutlicher: »Ich sah Hitler ganz deutlich als die Offenbarung des Teufels in irdischer Erscheinung.« (*Über die Fremdlinge*) Über die zwischen Oktober 1933 und Januar 1934 entstandenen, in der *Welt im Wort* erschienenen Erbauungsreden, allesamt bibel-exegetische Versuche, hat Haas im Rückblick dann das Folgende geschrieben: »Ich fühlte, daß jetzt und hier die Stimme des Juden sprechen müßte, um die Einheit der ganzen Heiligen Schrift, deren erster, älterer Teil nicht mehr in den Schulen und Kirchen Nazideutschlands erwähnt werden durfte, wiederherzustellen.

Daß alle diese Gedankengänge einem einzigen Irrtum entsprangen, daß die Hauptperson nicht mitspielte und ein jeder auf sich gestellt und verlassen war, änderte nichts an der Redlichkeit dieser Schriften. Ich wehrte mich gegen den Haß. Ich war nicht dazu erzogen worden zu hassen.

Nachdem ich die wahre Situation erkannt hatte und mich allein sah, erfaßte dieser Haß mich, und zwar so heftig, daß mir fast vor mir selber graute. Durch die Umstände wußte ich früher als mancher andere, was mit den Juden geschah oder doch geplant war. Ich wußte aber auch etwas anderes, was andere auch heute noch nicht wissen, oder nicht zu wissen vorgeben: wie unzählig viele in Deutschland es gleichfalls wußten oder doch ahnten, – wie leicht es gewesen wäre, mehr und Genaueres über das Ende der deutschen und polnischen Judenschaft zu erfahren.« In den Erbauungsreden finden sich tiefe Gedanken über den Begriff des Opfers. Haas' Deutung der Abraham-Isaak-Erzählung aus dem ersten Buch Moses identifiziert im stellvertretenden Opfer ein Sinnbild des Gehorsams, den Schritt vom alten Nationalgötzen zum menschlichen Gott, der seinesgleichen zu verzehren verschmäht. In der Ambivalenz des Widders als Totemtier und als Versöhnungstier spiegelt sich die Doppelfunktion des Sündenbocks. Dabei versteht Haas – wie stets christologisch verfahrend – den Tod auf Golgatha als symbolische Analogie der Opferung Isaaks. Mit dieser Lesart des Opfers wird bewußt die berühmte Kierkegaard'sche These von der Suspension des Ethischen durch das Religiöse in *Furcht und Zittern* ausgeklammert. Wie im Calderon-Aufsatz bleibt Haas beim Paradigma des Umschlagens von Materialität in Transzendenz. »Hier ist ein Anfang und ein Ende: Mit Abraham ist das heidnische Opfer zum sinnbildlichen, vertretungsweisen, aber noch immer materiellen Opfer vergeistigt worden; mit Christi Selbstopferung ist es materiell ganz aufgehoben, ganz vergeistigt worden.

Über allem aber steht die herrliche Gestalt Abrahams, des großen Gerechten und großen Gehorsamen. Er ist der Urvater der Menschen, nicht nur der Juden, der Christen und, als ›Freund Allahs‹ und Stifter der Heiligen Kaaba, als Erzeuger Ismaels der Urvater der Mohammedaner, sondern der Völker überhaupt, auch der Heiden: der zweite Adam und mehr als das. Denn wenn Isaak Christus symbolisiert, dann ist sein Vater Abraham das Abbild Gottes auf eine noch höhere und ausdrücklichere Weise, als der Mensch überhaupt das Abbild Gottes ist; er ist der göttliche Mensch kat’ exochen. Und das ist er wirklich. Wenn Gott den Menschen geschaffen hat, so hat Abraham durch Gottes besondere Gnade aus dem reißenden Menschentier den menschlichen Menschen, den metaphysischen Menschen schaffen dürfen: und zwar im Opfer auf dem Berge Moriah.

Durch das Abrahamsopfer ist die Menschheit für immer, und so auch heute noch, in zwei streng getrennte Gruppen geteilt worden: in die menschlichen Menschen, und die ›Zurückgebliebenen‹ im Sinne einer metaphysischen Biologie: die Tiermenschen.«

1939 floh Haas aus Prag. Freunde und Gönner – darunter Edward G. Robinson, Bruno Frank und Max Horkheimer – versuchten, ihm die Papiere für die Immigration in die USA zu beschaffen. Stattdessen gelangte er durch den Direktor einer tschechischen Schuhfabrik an ein Visum für Indien und einen Vertrag als Filmautor in Bombay. Kurz vor der Einschiffung in Triest traf er seine beiden besten Freunde Hasenclever und Werfel noch einmal. Es war das letzte Treffen. Ein Jahr später erfuhr er durch Werfel von den Selbstmorden Hasenclevers und Benjamins. Über den Abschied von seinem Schulkameraden heißt es in der Autobiographie: » ›Gott segne dich, Willy Haas!‹ sagte Werfel schnell, umarmte mich, wie wir es gewohnt waren, und drückte mir meine Hand. Ich fühlte etwas in meiner Hand rascheln. Es war ein Tausendfranc-Schein – damals eine beträchtliche Summe. Es ist das letzte, was ich von Werfel gesehen und gehört habe.

Jahre später saß ich in einem Kino in Dehradun, einer kleinen indischen Provinzstadt des Nordostens. Es war die Erstaufführung des amerikanischen Films *The Song of Bernadette*. Ich wußte, daß Werfel sehr krank war. Ich fühlte, daß er starb. Wenige Tage später erreichte mich ein Kabel von seiner Frau, der geliebten Alma Mahler-Werfel. Franz war tot. Das wichtigste Kapitel meines Lebens war geschlossen.« Bis 1947 blieb Haas in Indien, jenem Land, von dem er schon als kleiner Bub geträumt hatte und dessen Kultur- und Religionsgeschichte ihn sein ganzes Leben beschäftigte. In Bombay trat er zunächst eine Stelle als Drehbuchschreiber im Büro einer großen Filmfirma an. Ibsens *Gespenster* etwa wurden – horribile dictu – mit Tempeltanzszenen, Gesängen und Gebeten durchsetzt, neu verfilmt. In Haas' Tagebuchaufzeichnungen aus diesen Jahren wird die Begegnung mit Indien genau festgehalten. Es finden sich dort, brilliant erzählt, Beschreibungen der Zeremonien brahmanischer Bräuche, des Kastenwesens, der Mythologie, aber auch Alltagsszenen, Portraits von Tänzerinnen, persischen Feueranbetern: »Da ist vorerst der uralte, ausgemergelte, grindige Bettler, der auf der Treppe schläft. Er schläft immer auf dem Eisen, bei der irrsinnigsten Hitze, die ihn brät, und bei dem irrsinnigsten Wolkenbruch, der ihn durchnäßt. Er ist nichts als ein Gerippe mit Kopfgrind, kaum noch ein Mensch. Seine Kleidung besteht aus einem winzigen Schurz. Er bettelt nie, denn er schläft immer. Manchmal blinzelt er, klappert mit seiner Klapper, singt ein paar Töne und schläft wieder ein. In seiner Bettlerschale ist etwas Reis, genug um einen Sperling zu füttern, und zwei Kupfermünzen. Davon lebt er.«

Auf dem Lande sah Haas die Höhlentempel, die nackten Yogis in Ajanta, Ellura, Elefanta. Er verstand, was es mit dem »Om«, dem Urlaut von Anfang und Ende der Welt auf sich hat. Er bewunderte die indische Kunst und feierte als deren höchsten Triumph »die überwältigende Repetition des Gleichen im Raume«, die Identität als Symbol der Nichtigkeit alles Fließenden, sich Verändernden. »Das wahrhaft Seiende kann«, so schreibt er, »nur immer wieder sich selbst aussagen. Die *Trimurti* auf der Insel Elefanta, die dreimal dasselbe riesige, gleichsam alles Erlebens bare Götterantlitz zeigt, nach drei verschiedenen Himmelsrichtungen blickend – oder die fünf identischen, in sich versenkten Riesenbuddhas in einer Felsenhalle von Ellura: Das ist es, was uns in der indischen Kunst überwältigt, die Wiederkehr des Gleichen, das, über allem Wechselnden erhaben, seine majestätischen, endlosen und grenzenlosen Träume zu träumen scheint.«

Vom Krieg spürte er zunächst wenig in diesem großen Land. Das lag nicht zuletzt am Pazifismus Gandhis. Haas hatte sich nach Kriegsausbruch sofort der tschechischen Exilregierung in London zur Verfügung gestellt, die ihn aufforderte, in Indien zu bleiben. Von der Indian Army wurde er in den Sergeantenrang erhoben, um in Dehradun, wo ein großes Lager für Zivilinternierte, Reichsdeutsche und Österreicher war, als Zensor zu arbeiten. Dort entstand ein großer essayistischer Abriß der deutschen Literaturgeschichte – er kann durchaus neben Thomas Manns *Deutschland und die Deutschen* bestehen –, der bis heute in Deutschland noch nicht publiziert worden ist. Haas stellte ihm eine T. G. Masaryk gewidmete Anthologie voran, die 1942 in Bombay erschien. 1947 kehrte Haas nach Europa zurück. In London heiratete er die Geschichtswissenschaftlerin Herta Doctor aus Frankfurt. Im Auftrag des Foreign Office, German Section arbeitete er noch in London für die unter britischer Kontrolle stehende Zeitung *Die Welt*. 1948 ging er nach Hamburg, um Vorbereitungen für den kulturellen Teil der *Welt am Sonntag* zu treffen, die ursprünglich am Tag der Währungsreform erscheinen sollte. Erst 1953 folgte ihm seine Frau. Er erlebte das Sterben seines Freundes und Lehrers Alfred Kerr, den er als letztes »Sinnbild des in die Erde versunkenen Zeitalters« sah. Er stand in Kontakt mit Wilhelm Lehmann, Ernst Robert Curtius und Rudolf Alexander Schröder, dem Freund des geliebten Hofmannsthal.

1964 setzte sich Haas kritisch mit Georg Lukács und dessen literatursoziologischer Methode auseinander. Lukács Abweisung der Möglichkeit produktiver, immanent literarischer Entwicklungen, sein Verdikt über eine poetische Eigendynamik, die sich unabhängig des apostrophierten jeweiligen Volksgeistes entfaltet, forderte nochmals die stets bewahrende polemische Distanz des Essayisten heraus: »Wir kennen leider sehr gut dieses Gesamtbild der zahlreichen doktrinären und sophistischen Gruppen, die alle das Heil der Menschen von einer Kenntnis der Geheimnisse des Menschenlebens und der Wirklichkeit abhängig machten [...] Durch ihre Neigung zur ideologischen Synthese, in die der produktive Geist mit seinen feineren Zügen, seinem Reichtum, seinen natürlichen Widersprüchen hineingezwängt wird, vernichten sie allmählich die geistige Produktivität überhaupt und machen sie zu einem Schachspiel mit hölzernen Figuren.« (*Was wird aus dem Abendland?*, *Welt der Literatur*, 19. März 1964)

1958 erschien ein Buch über Bert Brecht, in dem Haas zwar die »ausdrückliche Bankrotterklärung des dialektischen Materialismus als Möglichkeit einer neuen Kunstform« verkündete und im Theoretiker

Brecht den experimentellen Machiavellisten erblickte, auf der anderen Seite aber Brechts Werk gegen den fanatischen antikommunistischen Feldzug der fünfziger Jahre verteidigte. Über die *Hauspostille* etwa heißt es: »Es gibt Gesänge und Verse in diesem Bändchen, die so groß, so rätselhaft sind wie irgend etwas was der Mensch je gesungen hat.« (*Bert Brecht*)

Zwei 1957 und 1960 unter dem Pseudonym *Caliban* erschienenen Sammlungen von Miniaturen, kleinen Weltbetrachtungen, die große Kulturgeschichte über die *Belle Epoque* (1967), eine Rembrandtstudie (1959), die Zusammenfassung der Essays über Hofmannsthal zu einem Buch (1963), die Herausgabe von Kafkas Briefen an Milena und eine erweiterte Ausgabe der *Gestalten* kamen hinzu.

Das Leben dieses kritischen Geistes endete nach langem, schmerzhaftem Leiden am 4. September 1973 in Hamburg. Der Kunst, durch die Zeiten zu fallen und den Geist dabei zu bewahren, hat er die Treue gehalten. Willy Haas, nach Werfels Wort »im Dienste der Sache zwischen Anfang und Ende«, hat das unabdingbare Ethos des kritischen Geistes in einem kleinen Aufsatz *Was wird aus dem Abendland?* selbst am genauesten festgehalten: »Wir sind die wählerischen Mittler oder Vermittler eines Besitzes, der nicht unser Eigentum bleiben soll und bleiben darf. Es ist nicht unser Wissen, aber unser Glauben an die Besonderheit der Dichtung, unterschieden von jedem anderen geistigen Gebilde, was uns zu Kritikern der Dichtung macht. Wir haben jene Atmosphäre des Glaubens an die Existenznotwendigkeit der Kunst zu schaffen, ohne die wir selbst nicht atmen können: Das ist die spezifische Aufgabe der Literaturkritik in einer Zeit wie der heutigen.«

INDIVIDUUM UND REVOLTE

Manès Sperbers Romantrilogie *Wie eine Träne im Ozean*

I.

Was haben sie uns heute noch zu sagen, die mutmaßlichen Apostaten, Renegaten, Abweichler, Dissidenten und Wahrheitssucher? Was erfahren wir aus Reglers *Ohr des Malchus*, aus Silones *Schule der Diktatoren*, aus Orwells *Katalonienbuch* oder aus Koestlers *Darkness at noon*? Was erfahren wir aus Manès Sperbers Romantrilogie über den Verrat der idealistischen Intellektuellen, die den Titel trägt: *Wie eine Träne im Ozean?* Das revoltierende Residuum dieser Romane bestand im Nachweis des letalen Ausganges von Utopien, wenn deren Geschäft in die Hände von Verwaltungsbeamten, Exekutoren des Geschichtsvollzuges, gerät. Sie machten auf der epischen Ebene darauf aufmerksam, daß den in der Literatur jahrhundertelang geschilderten Verbrechen aus Leidenschaft nun die Verbrechen aus Kalkül gefolgt sind. Daß die Verbrechen nicht mehr – so Camus in *Der Mensch in der Revolte* – »jene entwaffneten Kinder [sind], die zur Entschuldigung die Liebe anriefen«, sondern daß es sich um gleichsam erwachsen gewordene Kinder handelt, die ein »unwiderlegbares Alibi« haben: die »Philosophie nämlich, die zu allem dienen kann, sogar dazu, die Mörder in Richter zu verwandeln«. Das Verbrechen in der Epoche seiner logischen Begründung: Das ist das Thema all dieser Romane. Ist es ein überwundenes Thema? Nochmals Camus: »Da die Kraft der Liebe selten ist, bleibt der Mord aus Liebe eine Ausnahme und bewahrt jedesmal die Gestalt eines Einbruchs in die Ordnung. Sobald man aber, mangels Charakters, nach einer Doktrin rennt, sobald das Verbrechen anfängt, seine Gründe in der Vernunft zu suchen, wuchert es wie die Vernunft selber und nimmt alle Formen logischer Denkschlüsse an. Es war einsam wie der Schrei, jetzt ist es allgemein wie die Wissenschaft. Gestern gerichtet, erläßt es heute Gesetze.«

Werfen wir einen Blick auf die neueste Zeit nach der Jahrtausendwende, die Epoche nach dem Zusammenbruch der totalitären Ordnungen im Osten. Tun wir es unter Verweis auf Václav Havels Wort von der Unteilbarkeit des Schicksals der Welt. Wir entdecken, daß die

Krise unseres gläsern gewordenen Globus' sich längst nicht mehr bezieht auf Oppressionssysteme wie das des ehemaligen sowjetischen Überwachungsstaates. Was aus dessen Atomisierung noch hervorwuchern wird erscheint genauso bedrohlich wie die im Großbrand eskalierenden Pauperisierungserscheinungen des Westens oder die nicht erst seit dem 11. September 2001 wieder aufbrechenden Antagonismen der Glaubenswelten. Daß dem Ganzen jetzt die Herrschaft der Partikel folgt, erscheint ausgemacht. Die Krise unserer Welt hat dennoch tiefere Wurzeln, sagt Havel, denn uns droht »die Gefahr der Eschatologie des Unpersonellen, des Strebens nach unpersönlicher Macht und Herrschaft gigantischer Maschinen und Monstren, die der menschlichen Kontrolle entgleiten, so daß auch auf dieser Seite die Welt ihre menschliche Dimension verliert«. Hinzugekommen sind: die zunehmende Polarisierung von Arm und Reich, die weltumspannenden, Millionen von Existenzen gefährdenden Jongleure und Hasardeure der Finanzspekulation, der ein ebenso weitmaschiges Netz errichtende internationale Terrorismus und die Angst vor einem globalen ökologischen Zusammenbruch.

Werfen wir auch einen Blick auf die Schauplätze des Sperber'schen Romans: etwa das Berlin der dreißiger Jahre, heute wieder Hauptstadt und abermals durchtobt von Aufmärschen, vor allem im preußischen und mecklenburgischen Umland. Schauen wir auf das ehemalige Jugoslawien, dessen Untergang Sperber nicht erlebt hat, obwohl er ihn im Roman mit größter Eindringlichkeit bereits vorweggenommen hat. Der Roman handelt auch vom scheinbar unausrottbaren Antisemitismus in Polen, davon, wie jüdische Widerstandskämpfer ausgeliefert werden. Heute erstarkt in Rußland, in Ungarn wie in Polen wieder der Antisemitismus. Genausowenig wie der mutmaßliche Tod Gottes die Frage nach dem Sinn des Ganzen in unmetaphysische Gefilde zu transformieren vermochte, löst der Zusammenbruch der absoluten Systeme die Frage nach der Bewältigung der jetzigen katastrophalen Situation ohne Anleihe bei Wertvorstellungen, um deren Erhalt bereits die erwähnten Romane kämpften. Sie sind nicht dadurch obsolet geworden, daß die Welt sich verändert hat. Und: Hat sie sich verändert? Und: Wie hat sie sich verändert?

Dem autobiographischen Aspekt des Romans soll hier nicht nachgegangen werden. Bekannt ist, daß Sperber mit seiner Familie 1916 nach Wien kam, daß ihn aber die Erinnerung an das galizische Schtetl Zablotow bis zu seinem Lebensende niemals verlassen hat, sich im

Gegenteil äußerst produktiv in seinem Lebenswerk niederschlug. Wichtig in Wien wurde seine Position als Schüler und Mitarbeiter bei dem Individualpsychologen Alfred Adler. Zusammen mit Alice Rühle-Gerstel versuchte Sperber, die Wechselwirkung von Psychologie und Marxismus nachzuweisen. Später wurde er überzeugter Kommunist. Nach kurzer Schutzhaft emigrierte er im Jahre 1933 über Jugoslawien nach Paris, wo er schriftstellerisch äußerst produktiv wurde. Zu nennen ist vor allem der im frühen Herbst 1937 entstandene Essay *Zur Analyse der Tyrannis*, ein Buch, das – vom individualpsychologischen Gesichtspunkt – die Beziehung von Führer und Masse hinterfragt, ohne auch nur ein einziges Mal die Namen Hitler oder Stalin zu erwähnen. »Die Tyrannis, das ist nicht nur der Tyrann, allein oder mit seinen Komplizen, sondern auch die Untertanen, seine Opfer, die ihn zum Tyrannen gemacht haben.« Sperber weist in *Zur Analyse der Tyrannis* nach, daß eine Macht, die mit dem Schrecken begonnen hat, auf ihn niemals mehr verzichten darf, wenn sie nicht untergehen will. »Das totalitäre Regime arbeitet stets mit der ultima ratio. Es macht aus jeder Frage eine Frage auf Leben und Tod.« Das Buch wird totgeschwiegen, übrigens auch von den bürgerlichen Zeitungen der Emigration. Sperbers Austritt aus der Kommunistischen Partei wird darin gleichsam fundiert. Sperber wird für die Genossen eine persona non grata. Sein Leben wird gefährlich.

Sperber nimmt auf französischer Seite, in der Legion, am Weltkrieg teil, flüchtet nach der Niederlage in die Schweiz, kehrt 1945 nach Paris zurück, wo er bis zu seinem Tod am 5. Februar 1984 lebt und arbeitet. Sein episches Hauptwerk ist die Romantrilogie *Wie eine Träne im Ozean*, das er zu Beginn der vierziger Jahre in Angriff nahm. Das erste Buch, geschrieben in Cagnes sur Mer, Zürich und Paris, wurde 1948 beendet. Es hieß: *Der verbrannte Dornbusch. Tiefer als der Abgrund*, das zweite Buch, entstand zwischen 1949 und 1950 in Paris; ebenso das dritte Buch: *Die verlorene Bucht*, geschrieben 1950 und 1951. Erwähnt seien darüber hinaus die tiefgründigen essayistischen Schriften Sperbers, die diesen Roman flankieren, darunter die Abhandlung: *Alfred Adler oder das Elend der Individualpsychologie* (1970), die *Essays zur täglichen Weltgeschichte* (1967) oder Sperbers Auseinandersetzung mit dem Genozid: *Churban oder die unfaßbare Gewißheit* (1971). Sperbers Trilogie wurde je nach ideologischer Perspektive entweder nicht zur Kenntnis genommen oder als epochaler politischer Roman apostrophiert. Prägnantere Würdigungen kamen

von André Malraux, der davon sprach, daß uns in diesem Werk »tod-
bringende Wahrheiten« begegnen, »die zu Leidenschaften und Schick-
salsmächten wurden«. Arthur Koestler, der Weggenosse und Leidens-
bruder Sperbers, schrieb: »Dieser Roman hat gewiß Schwächen, die
ich um so entschuldbarer finde, als sie den meinen gleichen: Die Ideen
sind darin wichtiger als die Individuen, die sie ausdrücken, und die
Situationen wirklicher als die Menschen, die an ihnen teilhaben, besonders wenn es sich um Wesen weiblichen Geschlechts handelt. Aber
es scheint, daß Gott sei Dank das Publikum und die Kritiker solchen
Mängeln gegenüber duldsamer sind, die ihnen vor etwa 25 Jahren
unverzeihlich erschienen wären. Danach darf ich sagen, daß *Der verbrannte Dornbusch* ein Werk von ungewöhnlicher Tiefe und Weite ist.
Wie in dem Spiegelbilde, dessen man ansichtig wird, sobald man sich
über einen Fluß beugt, findet man hier den Reflex mit den beweg-
lichen, bebenden Umrissen des ungewöhnlichsten Abenteuers, das der
menschliche Geist seit dem christlichen Mittelalter gekannt hat.«
(*Der Yogi und der Kommissar*)

II.

Auf die Frage nach einer in der Erbschaft der Französischen Revolution sich neu konstituierenden conditio humana politica antwortet
Sperber zunächst mit dem Topos von der Ablösung des Glaubens durch
den Anspruch auf Selbstverwaltung der Geschichte. Eine Daseins-
parabel Pascals variierend, weist er den Prozeß der Säkularisierung als
Verlust erkennbarer Verantwortlichkeitsinstanzen auf: »Man stelle sich
gefesselte Menschen in einem Keller vor, die zusehen müssen, wie von
Zeit zu Zeit jemand kommt, der diesen oder jenen herausholt und
umbringt. Da sitzen die Menschen, noch leben sie, aber sie wissen,
daß das gleiche Schicksal jeden von ihnen erwartet. Das ist die conditio humana, die nur Sinn hat, wenn es einen Gott gibt. Sobald es den
Gott nicht gibt, sind die Menschen einfach Schlachtopfer, und man
weiß gar nicht, wer der Schlächter ist.« (*Ein politisches Leben*)
Die Proportionalität ist evident: Mit der Prätention auf unbegrenzte
Autonomie wird das Dasein auf seine historische Erscheinungsform
begrenzt. Zum Schicksal wird die Politik aber damit auch als unend-
liche Wiederholung. Daß, um mit Benedetto Croce zu sprechen, die
Geschichte der Menschheit die Geschichte wachsender Freiheit sei,
stellt sich im Lichte dieses Verhältnisses als Menetekel der Unbegrenzt-
heit durch den Substanzverlust in der Seinsgewißheit heraus. Sperbers

Skeptizismus, geschult am individualpsychologischen Nachweis der Prädisposition des Einzelnen durch seine unverwechselbare und nur ihm eigene, zur Geschichte kristallisierende Genealogie, gerät an eine gefährliche Pforte. Was nutzt denn die jeweils spezifische Individuation, wenn sie in eine Welt gestellt wird, aus der – mit Musil – die freundliche Schwere der persönlichen Verantwortung suspendiert ist, wo nicht mehr abzusehen ist, wer Schlachtopfer und wer Schlächter ist? Sperber hält fest an der universellen Determiniertheit des Menschen durch die Geschichte. In *Ein politisches Leben* heißt es lakonisch: »Aus der Geschichte steigt man nicht aus!« Sperber fügt noch erläuternd hinzu: »Sind wir deren Täter, Akteure, oder sind wir deren Opfer, deren Zeugen oder deren Planer?« Die Antwort liegt für Sperber auf dem schmalen Grat zwischen Ja und Nein, auch zwischen Entweder-Oder. Festgehalten wird gleichsam der letzte Moment vor dem Durchschreiten der Pforte, die zum unbegrenzten Autonomieanspruch ebenso führt wie zum unendlichen Nichts. Sperber erklärt: »Wir sind alle in Doppelrollen und sind nicht einmal frei, die eine oder die andere Rolle abzulehnen. Wir spielen ein Spiel, das vor uns begonnen hat und das noch nicht zu Ende sein wird, wenn wir nicht mehr da sein werden.«

Immer wieder taucht deshalb an dieser Pforte die Figur des Paradoxons auf. Wendungen wie »Ich bin ein alter Revolutionär, der den Hoffnungen, die er begraben mußte, treu geblieben ist« oder – gegen Bloch gewandt – »wir sind verflucht zu hoffen«, sind allesamt Formeln der Gratwanderung. Deren äußerste Abbreviatur ist das »als ob«. »Als ob« ist auch die Lehre aus der jüdischen Herkunft, aus der Jugend im galizischen Schtetl, aus der umfassenden jüdischen Erziehung. Aus den von der biblischen Ethik angeordneten Lebensregeln überlebte die wichtigste, der Einklang von Glauben und Tun, von Theorie und Praxis, nur in der Transformation des religiösen Inhalts vom Glauben in die voluntaristische Form des praktischen Handelns, in der die Freiheit durch die Wahrheit bestimmt sein soll. Bindung und Verlust, Orthodoxie und Apostasie verschwimmen. Sperbers Judentum versucht sich zu behaupten, als ob der Verzicht auf dessen theologisches Zentrum nicht auch das praktische Handeln mit Notwendigkeit modifizieren muß. Nachdem der an die Stelle des Messianismus getretenen marxistischen Geschichtsphilosophie der Abschied gegeben wurde, bleibt nur noch der Rekurs auf das »als ob«. Zum ethischen Modell wird die Idee des Standhaltens vor dem Horizont der Negation aller teleologischen Konstruktionen: Geschichte, Utopie, Eschaton und Erlösung. Kein Wunder, daß Sperber im »als ob« den Sinn der prophetischen Intention gleichsam zurückversetzt in die Zeit, in der diese sich als Wahrheit in der Gewißheit des göttlichen Daseins verstand: »Die Propheten waren es, die selbst in Lebensgefahr die Wahrheit des Judentums verkündeten und jene Hoffnungen begründeten, dank denen die Juden, ob schon immer wieder geschlagen, stets unbesiegt geblieben sind. Die Propheten forderten von ihnen weit mehr als sie versprachen, und luden ihnen die Bürde des Menschseins auf, als ob sie eine Gnade wäre, die man durch eine ständig bewährte Mitmenschlichkeit verdienen könnte, ja müßte«, so Sperber in der 1978 erschienenen Anthologie *Mein Judentum*.

Sperbers interpretatorischer Zugriff ist signifikant: Nicht vom Joch des Gesetzes, nicht von der Last der Auserwähltheit und dem Stigma der Providenz spricht er zunächst. Als bloßes, von solchen Determinanten befreites »Menschsein« wird die Mühsal prophetischer Ethik gedacht. Wir werden bei der Betrachtung des Romans darauf zurückkommen.

Die Geschichtsteleologie ist das Versicherungssystem des Revolutionärs. Deshalb gibt es, wie Sperber sagt, »keine Wahrheit, vor der die Revolution sich zu fürchten braucht«. Potentiell nämlich kann jede Wahrheit dem Zweck unterstellt und von dem Mittel abgezogen werden. »Der Revolutionär dient der Sache, das Mittel heiligt die Ziele«, kommentiert Sperber Siegfried Lenz gegenüber den revolutionären Mechanismus. Genauer: »Das Mittel verselbständigt sich und wird zum Ziel, und das Ziel krepiert.« Im System der totalen Explikation wird der Wahrheitsbegriff, wann immer er mit der Exekution des revolutionären Prozesses nicht übereinstimmt, entweder auf dessen Ende übertragen (das ist die demagogische Variante der Funktionäre) oder mit dem Einsatz der revolutionären Existenz selbst quittiert: »Ich glaube nur jenen Zeugen, die sich für die Wahrheit auch umbringen lassen«, zitiert Sperber Blaise Pascal, als er im dritten Buch der Autobiographie die Frühlingstage 1933 beschreibt, als es darum ging, der Rede die Tat folgen zu lassen, die dann – im Namen der geschichtlichen Wahrheit – von den kommunistischen Funktionären des Exils im Einklang mit der Komintern wieder verboten wurde.

III.

Wie eine Träne im Ozean ist ein Erziehungsroman mit umgekehrten
Vorzeichen. Es ist ein Desillusionierungsroman, der auf dem historischen Parcours das nachvollzieht, was als sukzessive Enttäuschungs-
geschichte eines Individuums Flauberts *L'éducation sentimentale* vorgegeben hat. Die Liebe, diese »private, also kleine Angelegenheit« in
den Augen eines Revolutionärs gerät wie der Ekel, der Haß, die Neu-
gier oder die Langeweile ins Fahrwasser der epochalen Katastrophe,
um als Träne im Ozean zu enden. Die Figuren Sperbers schämen sich
solcher Anachronismen, versuchen sie abzuwerfen wie Larven und
verstricken sich doch wieder rettungslos darin; meist genau in jenem
Moment, in dem sie ahnen, daß die Defilierdynamik der Weltrevolu-
tion über sie hinwegzuschreiten beginnt, weil sie vielleicht – um irgendein Beispiel zu nennen – im Gegenüber für ein paar Sekunden den
Klassenfeind vergessen haben. Nur Frauen und Kinder, aber nicht mehr
die linientreuen oder häretischen Protagonisten dürfen in diesem Roman noch weinen. Es ist die Zeit des Geschichtsvollzuges, in der für
die sogenannte Wahrheit mit einer marginalen Selbstverständlichkeit
so gestorben werden muß, als gälte es eben nur, an der nächsten
Straßenecke sein Wasser abzuschlagen. Sarajak, der Partisan, erkun-
digt sich im zweiten Teil des dritten Buches lakonisch: »Wo stirbt man
hier?« Dragi, sein Genosse – er kommt aus einer montenegrinischen
Familie, lebt in Zagreb und in Dalmatien – stellt immerhin fest: »Das,
wofür man stirbt, muß sauber sein.« Wohingegen ein anderer Partisan, der Arzt Kral, ein Kroate, verheiratet mit einer serbischen Jüdin,
der gegen die Ustaschi kämpft, sarkastisch die Beute mit den Worten
inventarisiert: »Vierzig Dutzend Präservative, Wiener Fabrikat, nicht
erstklassig. Auch gegen venerische Krankheiten schützt der Tod besser.« Doch Vorsicht! Der Sarkasmus ist nur der Panzer desjenigen, der
Sterbenden täglich ins Antlitz schaut. Ein paar Zeilen weiter unten
begeht Dr. Kral nämlich eine ungehörige Menschlichkeit: Er ver-
schließt seine tränenden Augen.
Was ist die Gestalt eines politischen Desillusionierungsromans, der
vom klassischen Erziehungsroman noch den Topos eines vorm Hintergrund des Ganzen sich formierenden Einzelschicksals übernommen
hat? Bevor ich hierauf eingehe, möchte ich noch hinzufügen, daß
Sperbers Trilogie auch ein Erscheinungsbericht in der Form eines
Reiseromans ist. Werfels Wort »Fahren heißt erfahren« darf hier wört-
lich genommen werden. Eine ungeheure Topographie, stets gekontert

vom nicht minder expansiven Seelenraum der darin agierenden Gestalten, erscheint. Die Stationen des Weges, der in den Untergang der Revolution führt, spannen sich von Berlin über Wien und Paris nach Moskau. Es folgt, in einem Kapitel zuvor schon eingeführt, der Weg zum Partisanenkampf nach Zagreb und auf die dalmatischen Inseln, die Beschreibung des Untergangs einer Brigade von Freiheitskämpfern, die zwischen Faschisten und Stalinisten aufgerieben wird. Es gibt nur einen Überlebenden, Dojno Faber, den Protagonisten, der wie Ismael, der Überlebende von Melvilles Besatzung, aus einem gleichsam funktionellen Grund nicht stirbt. Ihm obliegt es, über das Geschehene zu berichten. Schließlich wird der Leser auch auf einen der schrecklichsten Schauplätze geführt: nach Polen, in das kleine Schtetl Wolyna – Sperbers Geburtsort Zablostow ist das Modell. Sperber schildert den aussichtslosen Widerstandskampf einer Handvoll jüdischer Bewohner, deren Ende nicht von den Nazis, sondern von antisemitischen polnischen Widerstandskämpfern herbeigeführt wird.

Ich gebrauche den Begriff Reiseroman hier im wahrlich düstersten Sinne des Wortes. Das Modell ist nicht im wohlgemuten Entdeckungsroman vom Schlage Defoes zu suchen, sondern in all den Nacht- und Todesfahrten durch die Landschaft eines unendlichen Infernos, von Dante bis Conrads *Heart of Darkness*. Korrespondierend mit der Verengung der Flächträume, die am Schluß wie in Koeppens *Jakob Littner* zu kleinen Höhlen und Unterschlüpfen werden, vollzieht sich der garottisierende Zugriff der Ideologien, der Verrat der Intellektuellen, der Handel mit Menschen zwischen Polen eines deutschen Konzentrationslagers und den Verhörzellen der GPU und den sibirischen Strafgefangenenlagern.

Eines aber – und es ist oft geschehen – kann man Sperber mit Sicherheit nicht vorwerfen. Der Todeshorizont ist niemals bloße Staffage, deren Funktion darin besteht, vor einem Kalvarienberg von 30 Millionen ermordeter Menschen die singuläre Existenz eines einzelnen Individuums zu illuminieren. Erinnern wir uns an die schrecklichen und bekannten Worte von Frank Thiess, eines selbsternannten Vertreters der »inneren Emigration«, der gegen Thomas Mann geschrieben hatte, daß er in dieser Zeit des Massentodes, Terrors und der Zerstörung für seine persönliche Entwicklung mehr erlebt und erfahren habe, als es den anderen aus der Perspektive des Exils gelungen sei, zu erfahren.

Bei Sperber ist der Hintergrund niemals Dekor. Dies wird schon von der epischen Struktur dementiert. Erzählerisches Grundprinzip ist die multiple Brechung, die Fraktionierung der entscheidenden Handlungsträger. Da ist Herbert Sönnecke, Chef der kommunistischen Partei, der während der Schauprozesse in Moskau umgebracht wird. Da ist der sattelfeste Jungkommunist Josmar Goeben, aus dessen Perspektive der Roman beginnt und dessen Integrität mit der Zunahme seiner Zweifel am Ganzen im Roman wächst. Ihm gegenüber steht der Wiener Geschichtsprofessor Erich von Stetten, in dessen Agnostizismus Sperber viel von sich selbst gelegt hat, und der jüdische Widerstandskämpfer Edi Rubin, der Protagonist der in Polen spielenden Episode. Schließlich Faber, dessen Spuren Sperber oft mit Absicht verwischt, der notwendige Überlebende, dessen einzig struktureller Rückhalt eben das notwendige Überleben ist: eine Gestalt freilich, an der die erwähnten Elemente des Erziehungs- bzw. Desillusionierungsromanes noch einmal – und immer am Rande ihrer Unmöglichkeit – durchgespielt werden. Flankiert werden diese Gestalten, die sich allesamt dadurch auszeichnen, daß sie aus der revolutionären Dynamik hinauseskamotiert werden, durch eine Gruppe von Frauen, Weggefährtinnen; gleichfalls allesamt Opfer der größten Säuberungskampagne unseres Jahrhunderts. Ihnen allen stehen die Einheizer, Mitmacher, die Exekutoren und lauen Lavierer gegenüber. Darunter der deutsche Dichter der rechten Elite, Jochen von Ilming, genannt die »stählerne Nachtigall«, dessen Modell – doch die Frage des Schlüsselromans interessiert uns hier nicht – der Schriftsteller Ernst von Salomon gewesen sein dürfte. Ihm gegenüber steht der kroatische Dichter Djura (die Konturen von Miroslav Krleža sind unübersehbar), der von der Ustascha ermordet wird. Oder noch krasser: Der »Bärtchen« genannte stalinistische Funktionär (Walter Ulbricht ist das Vorbild), der von allen Gestalten am unerbittlichsten die Vergewaltigung der Mittel als Kompensation für das verlorene Ziel der letzten großen Revolution betreibt. Sein faschistisches und dann – nach Wechsel der Fronten – kommunistisches Gegenstück ist der Schlachter Slavko, Miroslav Hrvatic, die widerwärtigste Gestalt des Romans. An ihm exemplifiziert Sperber die bloße Affirmation der Gewalt. Der Polizeichef der Ustascha behält mühelos seine Position bei den Kommunisten. Das Bild von Stefan Zweigs Joseph Fouché drängt sich bei Slavko auf. Sperber zeigt den gleichsam prototypischen Vertreter des Prinzips der Bejahung des Bestehenden, den Repräsentanten der staatspragmatischen Indifferenz gegenüber dem Einzelnen und seinem Schicksal. Kein Zweifel: Sperber läßt sich genauestens auf jeder dieser Gestalten ein. Die epische Architektonik stellt der vertikalen Linie des Protagonisten Faber mit größter Gerechtigkeit die horizontale Achse eines gewaltigen Spannungsfeldes, bestehend aus unzähligen Fluchten und Teilsiegen, Todesstunden und Zusammenbrüchen, an die Seite. Der Roman ist ein Erziehungs- und Reiseroman unter der Prämisse der Unmöglichkeit dieser Kunstform. Anachronistisch dem allgemeinen Gegenstand gegenüber, der im Sieg des Totalitarismus und der Marginalisierung des Individuums besteht, verfolgt Sperber präzise jede einzelne Gestalt bis zum Augenblick ihres Sterbens. Aus diesem Grunde ist *Die Träne im Ozean* so wenig wie Koestlers *Darkness at noon* ein bloß »politischer Roman«, um dieses Oxymoron überhaupt zu gebrauchen. Er ist es vielleicht nur in dem Grad, in dem er zeigt, wie die zum Schicksal der Individuen gewordene Politik den Begriff des Individuums selbst exterritorialisieren will ins Schattenreich des Vergessens. Stettens Anatomie der Revolution, aus der Perspektive des Agnostikers und Skeptikers entworfen, schließt mit einem so eindeutigen wie hoffnungslosen Fazit. Dem Beweis der Fragwürdigkeit von »Siegen« im Krieg folgt das Gesetz des notwendigen Scheiterns des Vorgangs der Revolte, wenn er im Zustand der sich konsolidierenden Revolution petrifiziert. Bei Revolutionen muß der Begriff des Sieges prinzipiell verabschiedet werden. Revolutionen erzeugen keine Siege. »Der Höhepunkt jeder Revolution ist erreicht, da sie gesiegt hat – ihr Sieg aber ist bereits der Beginn der Konterrevolution.« Nur kontingente Faktoren wie die limitierte Lebensdauer der »siegenden« Revolutionäre ergeben den Anschein des eschatologischen Glücks. Begründung: »Sie haben die Verwandlung ihres Sieges in Niederlagen nicht mehr erlebt.«

IV.

Freilich hat dieser Roman auch Schwachstellen. Da ist leider allzu oft der Hang, noch den marginalsten Schattenfiguren fundamentale Epigramme in den Mund zu legen, das wirkliche Geschehen allein in den Raum der Sprache zu verlegen. Sperber bemüht sich manchmal zu ostentativ, durch Charakterfärbungen, Schrulligkeiten und signifikante Gesten dem Stigma bloßer Typologie zu entkommen. Das aber gelingt nur bei der tragenden Figur des Romans.
Nachteilig ist auch die nicht abreißende Flut der Lebensgeschichten, der unendlichen Genealogien, die dann in eine Handlung kulminieren, deren eigener Rang im großen Organismus des Ganzen auch nur

ephemer ist. Groß ist die Gefahr der Verzettelung, der bloß additiven Anhäufung von Geschehnissen. Darin aber liegt auch wieder ein Quäntchen Wahrheit. Da es weder die Revolution noch den Widerstand als Gesamtphänomen gegeben hat, wäre ein epischer Organismus, der die Einheit des Verschiedenen behaupte, allemal nur ein Scheinkörper. Zeichnen wir den Bewußtwerdungsprozeß des Protagonisten Faber nach. Wir begegnen ihm am Romanbeginn bereits auf der Schwelle vom gläubigen Revolutionär zum zweifelnden Exponenten der Revolte. Genau erkennt er, daß nun bereits, im Vorfeld der Macht-ergreifung Hitlers und in den Vorbereitungskampagnen des stalinisti-schen Terrors, die »Zeit des Gehorsams« angebrochen ist, deren Axiomatik der junge Revolutionär Josmar in die Worte faßt: »Die Tatsachen passen immer zur Generallinie.« Ein anderer präzisiert bereits: »Bei der Wahl der Waffen hat man immer an den Sieg zu den-ken.« Offensichtlich werden die Konturen der endgültigen Trans-formation der Revolution in die Gewaltherrschaft. Ein kroatischer Genosse spricht es programmatisch aus: »Die Revolution wird von denen gemacht, die leidenschaftlich das Recht wollen. Sie bringt jene an die Macht, die leidenschaftlich Macht wollen.« Am Ende, wir erfahren es am Schluß des Romans, steht dann die nackte, vom Atavismus der Leidenschaft befreite, mathematisch verfahrende bloße Macht, die von Tränen gereinigte aseptische Verwaltungsbürokratie. Faber selbst beginnt in der Aura der Erhabenheit etwas der Revo-lution eigentlich Fremdes zu sehen: »Eine Revolution, das ist die zur Gewalt gewordene Idee, gewiß. Sie ist nicht weniger die Konjunktur der Karrieristen, der Sadisten, der Hysteriker. Sie ist das Todesurteil über das Unrecht, gewiß. Sie ist nicht weniger und gerade in ihren Anfängen, in ihrem großen Augenblick, der Quell vieler sinnloser Ungerechtigkeiten. Und wenn die sich sehr hoch türmen, dann mögen ihre Opfer die Stufen werden, über die ein ehrgeiziger General zum Kaiserthron schreitet. So erhaben ist eine Revolution, daß es lohnt, für sie zu leben, daß alle Gegenwart blaß, schal wird, wenn sie nicht der Vorbereitung der großen Umwälzung dient. Doch damit sie gelin-ge, muß ihre Erhabenheit auch den Mitteln zu ihrer Herbeiführung verliehen werden. Und da beginnt die Verabsolutierung. Die sich anschicken, der barbarischen Vorgeschichte der Menschheit ein Ende zu bereiten, sind selbst Menschen dieser Vorgeschichte. Sie gehen in den Kampf gegen die Götzen mit der Seele von Götzendienern.« Die Revolution aber, erkennt Faber, erkrankt an der Inkommensurabilität von Bewußtsein und Wirklichkeit. Weil er dies erkennt, insistiert Faber zunächst noch auf der revolutionären Ästhetik. Das Bewußtsein des geschichtlichen Augenblickes kommt nicht ohne Anachronismen aus. Gegenüber seinem Lehrer Stetten, dessen Apriori die Betrachtung der Vergangenheit unter der Perspektive, »als ob sie Gegenwart wäre«, ist, beharrt der Schüler auf der Suggesitivität der bloßen Wirkung. »Nicht darauf [...] kommt es an, was einer ausspricht, sondern was darauf in den Köpfen derer, die es hören, wird.« Dies aber zu steuern, ist das Geschäft des Revolutionärs und zugleich der Beginn des alles entscheidenden hybriden Irrtums, dem ein großer Teil des Romanpersonals verfällt: »sich für das Subjekt des Geschehens zu nehmen, weil sie sich in die Lage gesetzt haben, über sich als Objekt des Geschehens nachzudenken.«

Nach der Machtergreifung wachsen die Zweifel. Lakonische Wendungen wie »Doch man lebte, also lebte die Partei« phrasieren bereits den Übergang in die bloße Existenzbehauptung. Mit dem Meltau des Vorgestrigen bestrichen, klingen die Parolen bereits nach Durchhalten, etwa der Gesinnungsethiker Sönnecke: »Wer das Gesetz der Geschichte auf seiner Seite hatte, der ging nicht unter.« Solche Affirmation wird nur vom senilen Dichter Maxim Gorki im Roman überboten, der nach dem Hinweis auf die Hungersnot in Leningrad gerade noch müde antworten kann: »Ja, ja. So geht es überall prächtig aufwärts in unserem großen Land.« Die doktrinären Absurditäten türmen sich. Selbstmord wird als schwere Ablehnung von der Parteilinie geahndet, wobei niemand genau weiß, ob es eine rechte oder eine linke Abweichung ist. Wer vom Auseinanderfallen der Einheit spricht, macht sich als Empirokritizist verdächtig und muß mit Hinrichtung rechnen. Die Sozialdemokratie wird zum Sozialfaschismus und so fort. Die im Roman vom Augenzeugen Faber geschilderte Ermordung des anarchistischen jüdischen Dichters Erich Mühsam im Konzentrationslager wird von den Funktionären mit größtem Zynismus kommentiert. Sperber bedient sich des Originaltons von Walter Ulbricht: »Wie im großen, so lehnen wir auch im kleinen die Abenteurerpolitik ab. Im übrigen war der Dichter ein kleinbürgerlicher Anarchist mit gewissen sozialen Ideen, ein ewiger Rebell. Unter Umständen hätte ihn auch ein Sowjetdeutschland liquidieren müssen.« Die Revolution exekutiert die Revolte, der Zweck negiert das Individuum.

Faber beginnt abzurücken und konstatiert, Hegels Bemerkungen über die Herrschaft des Verdachts variierend: »Der Betrug hat aufgehört,

nur ein Mittel zu sein, er ist zur Einrichtung geworden, der Mißbrauch der Macht hat aufgehört, ein Umweg zu sein, denn die Macht
ist einigen wenigen zum ausschließlichen Ziel geworden.«

Einigen wenigen? Vom Euphemismus dieser Wendung handelt die
zweite Hälfte des Romans. Von nun an verengen sich die wenigen
Freiräume. Nirgendwo, wenn nicht im Tod, existiert ein Niemands-
land zwischen den Fronten. Am wenigsten in der Kunst, als deren
Zenit der Staudamm von Dnjeprostroj – eine Synthese von Surrealis-
mus und Revolution – verherrlicht werden muß. Faber geht die
Dialektik von Bewußtsein und Ohnmacht auf: »Wir sind die erste
historisch bewußte Generation, die in der permanenten Katastrophe
zu leben hat.«

Im Exil erst kulminieren die Aporien. Von Sieg wird gesprochen,
wenn die Niederlage am größten ist. Bodenlosigkeit wird zum Stigma,
Fremdheit zur Attitüde. Sarkastisch bemerkt Faber: »Ein Emigrant ist
ein Mann, der alles verloren hat außer seinem Akzent.« Jetzt, im
Verlust jeder Sicherheit, konturiert sich eine Idee, die Faber endgültig
zum Konterrevolutionär aller geschichtsphilosophischen Kommandos
macht: »Ich denke, daß es vielleicht gar nicht so übel ist, glücklich zu
sein.« Diese gleichsam ontologische Formel des Abweichlertums läßt
Faber, mehr als seine ständige Jesajas-Lektüre, aus dem System fallen.
Von jetzt an geht es nur noch um das nackte Leben, »das Zielsein
wird und Waffe zugleich«.

Historisch halten wir beim Punkt des Hitler-Stalin-Paktes: »Man griff
Hitler mit keinem Wort an, aber brandmarkte als gefährliche, verbre-
cherische Parteifeinde alle jene, die das deutsche Proletariat aufforder-
ten, die Kriegsproduktion zu sabotieren.« Faber kommt die Gegenwart
abhanden. »Hier war nicht hier, jetzt war nicht jetzt.« Er erkennt das
Menetekel der Epoche, die Politisierung der Moral und die Moralisie-
rung der Politik.

»An der Epoche war nicht die Verruchtheit neu, sondern nur die tech-
nischen Mittel, deren sie sich bediente. Der Mißbrauch der Ideen, ihre
Verkehrung in der Praxis, die bürokratische Erniedrigung und die
Versklavung der Unschuldigen, die Ausrottung von Minoritäten, die
Konzentrationslager – nichts war neu an alledem, die Epoche hatte es
nur wieder entdeckt und nicht erfunden. Das konnte man mit Tatsachen beweisen, das alles war ein altes Stück. Neu hingegen war, daß
keine Partei, kein Tyrann es mehr wagen konnte, sich zum Glauben an
die Niedrigkeit des Menschen zu bekennen; daß die Idee von der Gleich-

heit, verkehrt zwar und mißbraucht, die bestimmende geworden war; daß die immer umfassendere Herrschaft über die Kräfte der Natur die Kräfte des Menschen immer mehr freisetzte, so daß es in absehbarer Zeit nicht mehr möglich sein würde, dem Menschen die Freiheit, die er im Kosmos errungen hat, in der Gesellschaft vorzuenthalten. Neu war schließlich, daß man nun das grauenhafte russische Beispiel vor Augen hatte und so vor bestimmten Irrtümern gewarnt sein konnte. Diese Epoche ist ein Resümee der Weltgeschichte, deshalb glauben jene, die sie nicht genug kennen, diese Zeit bezeichne das Ende.« Die Apokalypse des Ganzen ist kein Trost für das Unglück des Einzelnen. Faber wird zunehmend menschlich. So menschlich, daß er am Beginn des letzten Romandrittels den Freitod beschließt. Eine wichtige Zäsur, denn nun treten wir auch in die letzte entscheidende Proportionalität des Romans ein. Aus Faber wird der Überlebende, der in dem Maße zum Leben gelangt wie die Prozeduren zum Untergang der Welt sich radikalisieren. Sperber weiß genau, weshalb er jetzt zu den Metaebenen von Parusie und Messianismus greift, warum die Reise für Faber von nun an zur parabolischen Fahrt des Sich-selbst-Wiederentdeckens wird.

Im Moment der Ausführung des Selbstmordes erscheint das Wunder in Gestalt eines Kindes. Es ist November 1941, Faber ist 40 Jahre alt, der Knabe, den er rettet und erzieht, Jeannot, zählt elf Jahre. Faber durchläuft durch ihn sein Leben nochmals so, wie es hätte verlaufen können, doch vor der Gegenwart flüchtet er sich in die Anonymität von »zukünftigen Erinnerungen«, erlebt die Gegenwart als Vergangenheit. Faber lebt nun, nach dem »als ob« der Partei, im »als ob« des solipsistischen Einzelgängers. »Um ein anderer zu werden, muß man damit beginnen, zu leben, als ob man schon ein anderer geworden wäre.« Auf merkwürdige Art mischen sich nun Resignation und Neubeginn. Erst in der Partisanenbrigade des Dichters Djura, die vorletzte Station des Überlebenden, wird im Anblick des permanenten Todes der Zwang der »zukünftigen Erinnerungen« überwunden. Faber lernt, zwischen Tätern und Opfern wieder zu unterscheiden: »Schade, daß der Besiegte niemals dem Todfeind gleicht«, sagt er. Nach seiner Rettung in Italien wird der Held entlassen vor dem Hintergrund einer grotesken Idylle. Für einen kurzen Moment der Verschlingung von modernem Vernichtungskrieg und intransingenter Natur breitet sich die größte Gefahr, die Gefahr des Vergessens, die das Gefahrenpotential der Wiederholung des Geschehenen in sich

trägt, am epischen Horizont aus: »Mitten in einem Pfirsichgarten [...]
stand schwarz und rostigbraun ein ausgebrannter Tank. Schon mochte
man glauben, daß er aus der Erde gewachsen war.« Zurück bleibt,
darin nun wirklich ein Nachfahre der sich selbst Überlebenden, aber
auch ein Erbe der Rückzügler vom Schlage der Simplicissimus, Frederic
Moreau oder Niels Lyhne, der Protagonist. Was hat er in der Welt
noch zu finden, fragt sich der Leser.

V.

In diesem Roman wird von der Liquidierung der Revolte durch die
Revolution erzählt. Es wird davon erzählt, wie die durch Zwang aus-
geübte Proselytenmacherei, indem sie den Verdacht zum Weltprinzip
erhebt, die Verdächtigen geradezu produziert. Entstanden ist eine Welt
des Prozesses, wobei sowohl der geschichtsphilosophische als auch
der juristische Aspekt dieses Begriffs gemeint ist. Bekannt ist das revolutionäre Pathos des Beginns. »Wir kämpfen für die Tore des Himmels«,
hieß es bei Liebknecht. Und Rosa Luxemburg prophezeite, den jüdischen Gottesnamen für die Revolution adaptierend: »Die Revolution
wird sich morgen mit Getöse in ihrer ganzen Größe aufrichten und zu
eurem Schrecken mit allen Trompeten verkünden: Ich war, ich bin,
ich werde sein.« Doch die Parusie blieb aus, die dialektische Theodizee verbrannte in der Entkulakisierung, im Verrat, im Gulag und in den
Schauprozessen. Wenn mit Merleau-Ponty »revolutionär sein« heißt,
das, was ist, im Namen dessen, was noch nicht ist, zu beurteilen und es
damit für wirklicher zu halten als das Wirkliche, dann bedient sich die
revolutionäre Dialektik einer Denkfigur der Theologie, genauer: der
messianistischen Teleologie des Judentums, aber – und das ist entscheidend – ohne die Voraussetzung eines archimedischen Punktes, ohne
die Voraussetzung der Existenz Gottes. Es handelt sich um eine in die
Praxis umgesetzte Theorie von einer Wirkung ohne Ursache. Sperber
macht darauf aufmerksam, wenn er schreibt, daß das »Bedürfnis nach
dem Absoluten die Menschheit zu einer Kloake macht, aus Religionen
Kirchen, aus Ideen polizeiliche Einrichtungen«. Dennoch kommt er
selbst nicht ohne den Kontext der Theologie aus. Mit ihm beginnt
und schließt der Roman. Von Anfang an wölbt sich der Theodizee-
gedanke, offen zutagetretend oder mit eigentümlichen Chiffren versehen, über den epischen Horizont. Merkwürdig mischt sich solches
theologisches Apriori in den aus tausend verzettelten Komponenten
sich konstituierenden Gesamtzusammenhang. Allein die Tatsache, daß

hinter der äußersten Diffusion der revolutionären Dialektik das Desiderat der Ganzheit immer wieder, unpräzisierbar und unaussprechlich, aufleuchtet, mag als Rechtfertigungsgrund für die auf eine Metaebene gehobene Frage nach der Legitimität eines Begriffes vom Ganzen überhaupt gelten. Immer wieder berührt sich solche Ganzheit der revolutionären Utopie mit der alten Frage nach der Gelungenheit der Schöpfung. Gleich am Anfang, nach der parabolischen Dornbusch-Introduktion, beginnt eine kommunistische Randfigur mit einer messianisch-materialistischen Ethik: »Vielleicht kann man die Menschen nicht erlösen, wenn man sie zu sehr liebt«; oder »Es genügt nicht, für die Menschen zu sterben, man muß für sie morden«; oder: die »Erlöser können nicht gut sein«. Im Verlauf des Romans wird dieser Strang weiterverfolgt an der Hauptfigur Faber, dem es plötzlich wichtig wird, sich mit den Prophezeiungen des Jesaja zu beschäftigen. Von Hiob ist wiederholt die Rede. Thematisch aber wird dieser Kontext im ersten Kapitel des dritten Buches. In Wolnya, einem ostjüdischen Schtetl, trifft der assimilierte jüdische Intellektuelle Edi Rubin – er tritt in einem späteren Roman Sperbers, *Der schwarze Zaun,* nochmals in Erscheinung – auf den alten Rabbi und dessen Sohn, der sich neben der Thora mit Hegels *Phänomenologie des Geistes* beschäftigt, »um mich auf die Probe zu stellen. In der Mitte der Verlockungen muß ich leben«. Hier erst, in der Unangezweifeltheit des Glaubens an Gott, stößt das Denken über die Geschichte wieder auf festen Grund. Auf die Frage Rubins, warum sich die Juden in diesem Kriege nicht am Widerstand beteiligen wollten, erklärt der Rabbi: »Welcher Krieg? [...] Jener, den die Mächte gegeneinander führen? Wir sind keine Macht, wir führen keinen Krieg. Meinen Sie aber die Untaten des Feindes, das Verhängnis, das den Namen Hitler trägt? Woher wissen Sie, was es bedeutet? Ohne unsere Hilfe wird Gott ihn vernichten, das ist klar, denn deshalb hat Er ihn zur Geißel gemacht, mit der Er uns straft. Der Blutfeind ist verloren, sein Volk wird erniedrigt werden, aber unsere Sorge ist es, zu erfassen, womit wir die Strafe verdient haben, damit wir in der Erkenntnis und in der Buße sterben und nicht wie unsere Feinde in Verblendung und in der Finsternis der Seele. Wir sind das einzige Volk der Welt, das nie besiegt worden ist. [...] Weil wir allein der Versuchung widerstanden haben, zu werden wie der Feind. Und auch deshalb werden wir nicht in die Wälder gehen; nicht wie Mörder, sondern wie Märtyrer werden wir sterben. Ein Mensch darf irren und sich verirren, aber den Weg ins andere Leben darf er nicht verfehlen.«

152

Eine so erhabene wie entsetzliche Konstruktion: Noch die industriell durchgeführte Massenvernichtung wird als integraler Bestandteil des Weges der Verheißung inventarisiert. Hitler wird – wie später bei Martin Buber und Margarete Susmann, zum Nebukadnezar des 20. Jahrhunderts. Die Affinität von Messianismus – die Lehre von den Geburtswehen des Messias – und marxistischer Ideologie – die Lehre von der Verelendung als letztem Stadium der kapitalistischen Ausbeutung – springt ins Auge. Jean Améry hat darüber in seinem Lagerbericht *Jenseits von Schuld und Sühne* ausführlich gehandelt. Dennoch steckt in der Lehre des Rabbiners, in jedem Ereignis ein Gleichnis zu sehen, eine tiefere Substanz. Sie abstrahiert nämlich mit aller Eindringlichkeit von der Notwendigkeit selbstverschuldeter Gewalt. Hierin allein unterscheidet sie sich von der geschichtsphilosophischen Konstruktion der Erlösung. Niemals kann deshalb der Tod – sei es der eigene oder der der Feinde – das Problem der geschichtlichen Existenz lösen. Der Sohn des Rabbi nimmt am Widerstand teil, wohl auch, um in der Mitte der Verlockungen zu leben. Seine Bilanz zieht er auf dem Sterbebett: »Weil der Tod leer ist, kann man ihn mißachten. Und deshalb ist auch das Töten eine Handlung ohne Sinn. [...] Versucht einmal, eine Schlacht zu beschreiben, und Ihr werdet merken, daß alle diese Taten zusammen so wenig bedeuten und so gestaltlos sind wie eine Träne im Ozean.« Wenn der gleichsam anthropologische Grundzug der Revolte darin besteht, daß der Mensch das einzige Geschöpf ist, »das sich weigert zu sein, was es ist« (Camus), dann besteht die chassidische Variante dieses Axioms in der Verweigerung, so zu werden wie die anderen. Der Agnostiker Sperber hat diese Exklusivität des Leidens selbst im ersten Band seiner Autobiographie, in *Die Wasserträger Gottes*, als Konstituente seines eigenen Lebens so beschrieben: »Nur wenige Nichtjuden haben je begriffen, daß das jüdische Leid nicht etwa trotz, sondern vor allem wegen der Auserwähltheit zu unserem Schicksal geworden ist. Indem Gott mit uns ein Bündnis schloß, warf er den göttlichen Ziegelstein seiner Gnade auf uns. Seither tragen wir die erdrückende Last der Auserwähltheit wie einen Fluch und sollen ihn doch dreimal am Tag wie einen Segen preisen.«

Diesen Essay-Band von Norbert Abels abschließend weise ich gerne auf das andere große Buch von ihm in meinem Programm hin:

Ohrentheater
Szenen einer Operngeschichte
83 Essay zu 400 Jahren Musiktheater
840 Seiten, fadengeheftetes Hardcover mit Lesebändchen, 28 Euro

Sie werden, wenn Sie Essays zu lesen lieben, eine helle Freude haben, und wenn Sie zudem den Genuß im Ohr schätzen, werden Sie eine wesentliche Bereicherung genießen.

Sie fragen nach weiteren Essays? Hier gerne eine Auswahl aus meinem Programm:

Gerd-Peter Eigner
Nachstellungen 1
Essays über Mozart, Flaubert / Dostojewski, Nabokov
160 Seiten, fadengeheftetes Buch in rotem Leinen, 16 Euro

Gerd-Peter Eigner
Nachstellungen 2
Essays über Schädlich, Muschg, Duras, Fries, Kertész, Goytisolo, Fritsch, Arenas und Krechel
160 Seiten, fadengeheftetes Buch in gelbem Leinen, 16 Euro

Drei Kleinode nicht nur des Inhalts halber, sondern auch im Format, nämlich in meiner 16er-Reihe erschienen, sämlich von Hand in Schulheftbindung fadengeheftet un din guten italienischen Kartons:

Henry Fielding
Essay über Nichts
Übersetzt von Wigand Lange
24 Seiten, 7 Euro

Federico Fellini
Meine Vision umfaßt 360 Grad
Übersetzt von Agnes Dünneisen
40 Seitent, 7 Euro

Paul Gauguin
Kleckserklatsch
Spöttischer Essay über die Malerei, übersetzt von Thomas Schwab
32 Seiten, von Hand in Schulheftbindung fadengeheftet, 7 Euro

Ian Hacking
Leute (zurecht) machen
Übersetzt von Axel Dielmann
32 Seiten, 7 Euro

Victor Hugo
Promontorium somnii / Vorgebirge des Traums
Übersetzt von Thomas Schwab
48 Seiten, 7 Euro

Heinrich von Kleist
und Vera F. Birkenbihl
Über die allmähliche Verfertigung der Gedanken beim Reden
3. Auflage
24 Seiten, 7 Euro

Schließlich noch ein Altmeister des Essays, eine lange Erwägung des Männerbündlerischen und der erotischen Intelligenz oder intelligenten Erotik ...

Nicolaus Sombart
Die Frau ist die Zukunft des Mannes:
Aufklärung ist immer erotisch
Herausgegeben von Frithjof Hager
336 Seiten, 15 Euro

Bleiben Sie neugierig – zum Beispiel auf unserer Homepage

axel dielmann — verlag

Kommanditgesellschaft in Frankfurt am Main

www.dielmann-verlag.de